GLI S

Livia
Pomodoro

In cammino

Viaggio nelle abbazie che raccontano il nostro futuro

Marsilio

© 2025 by Marsilio Editori® s.p.a. in Venezia
Prima edizione: maggio 2025
ISBN 978-88-297-9264-1
www.marsilioeditori.it
Realizzazione editoriale: Studio editoriale Littera, Rescaldina (MI)

IN CAMMINO

A una nuova umanità, solida e mite insieme

Introduzione
Pellegrini di una nuova speranza

> *In cammino* è una metafora dell'uomo, perché la vita è un cammino, se la meta, il punto di arrivo è chiaro, altrimenti è un errare.
> E l'abbazia è un fondamentale passaggio di questo cammino sia per il significato religioso che incarna, sia per il simbolo di luogo di cultura storico che interpreta.
>
> RINO FISICHELLA,
> pro-prefetto del Dicastero per l'evangelizzazione

UN VIAGGIO INTERIORE

In cammino è un viaggio-progetto in continuo divenire, iniziato per raccontare una pratica antica che si rinnova, quella del pellegrinaggio religioso. L'idea che lo ispira è nata da una convergenza di intuizioni e di emozioni che hanno segnato l'impresa della vita di molte persone in questi ultimi, difficili anni. All'isolamento, alla segregazione e a quel *tempo sospeso* della pandemia hanno fatto seguito non una, ma due guerre. La ricerca di una via di fuga – intesa come vivida speranza da comunicare e non abbandono o soltanto rifugio – mi è parsa un salutare, promettente impegno.

Il racconto delle molte abbazie visitate è solo una parte dell'avventura, perché di ogni esperienza porto con me la delusione o il rimpianto di una pienezza mancata, così come il sentimento che qualcosa di più e meglio poteva essere catturato in ciascuna visita. Tuttavia, nel ritornare sui miei passi, quel rammarico per lo sguardo distratto di ieri trova sollievo e consolazione, perché l'esercizio del racconto, con la complicità dei suoi meccanismi, ci obbliga a studiare e a far ordine nell'esperienza, a sospingere attenzioni e distrazioni dentro un'unica cornice che le farà sembrare ordinate, come in una sequenza. Persino logica.

Mi sono affidata, anch'io, a quella collaudata metafora che vede nel movimento del corpo attraverso lo spazio geografico il riflesso del nostro passaggio nel tempo delle generazioni: l'avvicendarsi delle fasi «del cammin di nostra vita». Il tempo degli orologi, insomma. E da questa dimensione ho cercato di tirar fuori il tempo della coscienza.

In cammino è così diventato anche un viaggio interiore, pervaso di una «solitudine piena», preoccupata e avvertita del presente e delle sue fragilità, capace di realizzare il paradosso di un corpo in movimento e di una mente che si prepara a essere «ferma» di fronte alle nuove tempeste dell'animo.

Le motivazioni che hanno contribuito alla nascita di questo progetto hanno a che fare con la mia seconda vita, iniziata dopo che la prima, di magistrato e di servitore dello Stato, si è interrotta con il pensionamento. Devo infatti questa nuova esperienza alla passione di mia sorella Teresa per il teatro, una passione tale da spingerla a fondarne uno, il No'hma, che, dopo la sua scomparsa, ho tenuto in attività e che regala una nuova pienezza al mio tempo. Parlo della pienezza che le arti performative sanno offrire allo spettatore, quasi una medicina dell'anima, spronando a ricercare i più alti ideali, la bellezza innanzitutto. Così, l'idea di viaggio si è fatta strada, dapprima solo in forma digitale, per sconfiggere l'isolamento dovuto alla pandemia, quando grazie ai miracoli della tecnologia, con il Teatro No'hma, abbiamo fatto dialogare palcoscenici e spettatori di uno stesso spettacolo a distanza. Tuttavia ero anche curiosa di cercare e trovare spazi diversi, che dessero alla fisicità delle rappresentazioni una nuova cornice. Le abbazie interpretano al meglio il desiderio di imbrigliare questa aspettativa. Ho pensato che abitarle, anche per poche ore, mi avrebbe aiutato a dominare la strana sensazione di incertezza e insicurezza che attraversa il nostro presente, di cui non conosciamo la provenienza, il *da dove*. Ma sappiamo – e qui la speranza – che il mondo delle abbazie ci aiuterà a tenerla a bada. Perché, immersi nella natura antropizzata da secoli di fatica, questi monumenti alla bellezza rappresentano una rete diffusa che ci conforta come un vero e proprio baluardo contro le solitudini. Diffusa perché popola la geografia di questa nostra cara e vecchia Europa, mostrando con orgoglio la profondità delle sue radici e continuando a destare lo stupore di noi viaggiatori.

E non solo. Sorprendentemente – ecco la vera scoperta che permea queste pagine – man mano che il progetto prendeva forma e il percorso si animava nelle varie tappe, si rivelava la suggestione di un ritorno al futuro che mai forse avremmo saputo immaginare.

UN PONTE VERSO LA MODERNITÀ

Le abbazie hanno rappresentato e continuano a rappresentare, nei secoli, le *architetture della bellezza* (penso a Fontenay, Follina, Padula, Chiaravalle della Colomba, solo per citarne qualcuna tra quelle che incontreremo). Inoltre sono state e sono custodi del sapere, avendo salvato dalla distruzione e tramandato i grandi classici del mondo greco-latino che ritroviamo a San Gallo, Fulda e Morimondo. Ma sono state anche piattaforme della «buona vita», dei prodotti dei territori, del bio e della sostenibilità, come a Plankstetten in Germania.

Le abbazie sono scrigni, contengono un tesoro di conoscenza e di pratiche salutari che il passato consegna direttamente nelle mani del presente e alla modernità.

In ogni tappa abbiamo quindi celebrato i territori che il monachesimo ha trasformato nel tempo, coniugando la meraviglia del paesaggio con la qualità di prodotti che hanno tramandato saperi, sapori e tecniche: spesso il meglio di una moderna agricoltura dalle soluzioni produttive sostenibili. Assieme alla vertigine delle architetture e al trasporto della loro spiritualità, per ogni abbazia abbiamo scelto una parola capace di racchiudere l'esperienza dell'incontro con il luogo e con le persone che hanno segnato questo percorso. Così, ad esempio, hanno guidato i nostri passi la *tradizione* a Sassovivo, il *pane* a Chiaravalle della Colomba, la *pace* alla certosa di Firenze, la *cura* a Viboldone, gli *intrecci* a Follina, la *purezza* a Tilburg, la *biodiversità* a Morimondo, la *spiritualità* a Chiaravalle Milanese, *passione* a Genova, *grano* a Pisticci e la *bellezza* a Padula. Attorno a ciascuno di questi termini si è sviluppato un dialogo che ha visto confrontarsi personalità provenienti da mondi e culture anche molto distanti tra loro. Queste riflessioni hanno introdotto e ispirato un terzo «movimento», dedicato al versante artistico, una performance musicale o teatrale.

Ogni testimonianza rivela come la vita e la storia delle abbazie siano un vero e proprio ponte verso la modernità. La loro rete non rappresenta soltanto un incontro con la bellezza. Quanto più lo avviciniamo, tanto più scopriremo che il mondo abbaziale ha avuto un ruolo centrale in tanti ambiti della nostra vita. A cominciare dai progressi della tecnica, della medicina, dell'agricoltura, dell'architettura, dell'educazione, dello studio e della scrittura. In particolare, nel caso della cultura scritta, assicurando la sopravvivenza dei grandi classici greco-latini, mettendoli al riparo da saccheggi e distruzione.

Infine – e questo è un tratto assai poco noto – il monachesimo, attraverso l'evoluzione delle proprie strutture sociali, ha influenzato la mentalità di noi europei circa il rapporto individuo-comunità. È stata questa «scoperta» a farmi desiderare con forza l'inserimento nel nostro percorso di Cîteaux, l'abbazia in cui prese i voti Bernardo di Chiaravalle, e promuovere un interessante confronto a Morimondo e Cisternino sulle tematiche connesse con la vita e l'esperienza della comunità.

I religiosi hanno insegnato all'Europa la pianificazione razionale, la codificazione normativa, la divisione del lavoro, l'assegnazione dei beni e l'efficienza economica. Ci hanno trasmesso l'importanza di un rapporto responsabile con i beni posseduti. Hanno testato con successo l'organizzazione razionale dei sistemi sociali – sia redigendo testi costituzionali, sia attraverso il controllo esercitato dai superiori delle comunità – e aperto in tal modo la strada alla formazione dello Stato.

I monasteri medievali sono stati «laboratori di innovazione» capaci di gettare le fondamenta della modernità, anche trasformando i territori. Per questo, ad esempio, la visita alle due Chiaravalle italiane, quella milanese e quella della Colomba, presso Piacenza, racconta una storia di creatività che merita di essere divulgata: strappando la terra alle paludi, i monaci hanno inventato il Grana Padano. La certosa di San Lorenzo, a Padula, ai confini con il parco del Cilento, ci svela invece le origini della dieta mediterranea. E ancora, per restare alla magia dei territori e della loro trasformazione, a Scourmont e a Orval, in Belgio, l'acqua, all'origine della fondazione di ogni monastero, ci parla di mulini ma anche di... birra.

Nel passato le abbazie che punteggiano l'Europa hanno costituito anche una rete sicura cui affidarsi, e testimoniano come l'esperienza del viaggio fosse possibile e comune anche in un'epoca senza mezzi di locomozione, telefonia o connessioni digitali. Al giorno d'oggi sono destinate a diventare meta di nuove sensibilità, poiché riscoperte anche come motori dei territori e dei prodotti, trionfo della «cucina povera» e della cosiddetta *food experience.* Un tema cui ho dedicato studio e attenzione fin dall'appuntamento con Expo Milano 2015 e che mi è valso poi il riconoscimento della cattedra UNESCO presso l'Università Statale di Milano.

Ma perché si afferma e si diffonde questo richiamo? Travolti come siamo dal mito della velocità e della comunicazione istantanea che il digitale consente, proviamo a opporvi l'idea di una mobilità lenta – e forse anche della fatica – evocata dalla parola «cammino» e dal verbo «camminare» che sembra appartenere a un mondo «povero».

La pandemia ha generato una nuova attenzione, una più spiccata disposizione a percepire e ricercare i vantaggi della lentezza, del camminare. Ed è così che «in cammino» diventa un possibile «ritrovarsi», una feconda interruzione della quotidianità, per intraprendere un «turismo dello spirito» che accomuni tanti diversi «sentire» e aiuti a ritrovare una capacità di ascolto (di noi stessi soprattutto, ma anche degli altri) che avevamo dimenticato. Che abita l'idea e l'esperienza di ogni viaggio. E, se voleste trovare una parentela col passato, ecco che siamo di fronte a una forma moderna di pellegrinaggio.

«Muoversi da un Paese all'altro, conoscere differenti lingue e culture, usi e costumi, creando un confronto e una comunicazione che aggiungeva ricchezza a ricchezza è stato possibile perché il pellegrino trovava la forza antica di lasciare la sua casa e la sua terra per addentrarsi in luoghi che mediante lui sarebbero divenuti maggiormente uniti. A fondamento di tutto, comunque, si ritrova la stessa fede. Le lingue potevano cambiare, le usanze erano certamente differenti tra loro, ma ognuno comprendeva la madre lingua della fede che creava unità, comunicazione, cultura e progresso.» Sono state queste parole di monsignor Rino Fisichella a suggerirmi che potessero essere le abbazie la rete, le tappe del «moderno» pellegrinaggio europeo. Un pellegrinaggio che avrebbe seguito, almeno in parte, i percorsi che la religiosità ha conosciuto nel corso dei secoli e che oggi, in forma laica, ripropongono l'esperienza di uno stare insieme, ma anche con se stessi, a piedi o in bicicletta. Neofiti e devoti, come ci piace pensare di essere, di un rinnovato rispetto per la natura.

Oggi poi che l'umanità conosce il senso di colpa della sua poca cura di futuro, *In cammino* testimonia anche *nuovi eroismi*: il rifiuto dello spreco energetico all'insegna della *sostenibilità*. Come anche, e insieme, uno *stile di vita* che, nel privilegiare la lentezza, non a caso riscopre sia il fascino e l'*energia pulita* del pedalare (sono questi gli anni di una fortissima crescita del turismo dei biker) sia il chilometro zero, fresco sinonimo di minor spreco e di maggior qualità del cibo, e sostiene l'affermarsi di un mondo sostenibile e circolare: un mondo bio. Da abitare e consegnare a chi proseguirà il cammino in maniera assai più responsabile verso il futuro.

IL NOSTRO CAMMINO

Alla ricerca dei cammini che solcano la mappa dell'Europa, si è posta subito un'incognita: da dove cominciare? Da quale geografia? Soprattutto, con quale storia?

La via Francigena – il percorso devozionale che unisce l'Inghilterra all'epicentro della cristianità, Roma – mi è sembrata l'alfa del viaggio. Scende ma anche sale, a scorrerne la descrizione puntuale che ne fa l'abate Sigerico nel suo diario nel 990.

Il nostro viaggio ha preso quindi il via il 28 luglio 2023 proprio da Canterbury, introdotti da un contatto che si è rivelato assai prezioso con l'Associazione Europea delle Vie Francigene (AEVF), con la quale abbiamo cercato di condividere il nostro nascente circuito, direzione Roma 2025, per la celebrazione dell'Anno Santo. È stato tra gli eventi selezionati dal Dicastero per l'evangelizzazione per il Giubileo 2025 e annoverava una schiera in divenire di abbazie d'Europa, molte delle quali Patrimonio dell'Umanità UNESCO.

Ben presto, però, il tracciato della Francigena ha rivelato una rigidità incompatibile con la mia frenesia. Avvertivo infatti la preoccupazione di far vivere e coesistere l'agenda delle abbazie con quella del teatro, moltiplicando le possibilità e i luoghi. In questa attività di ricerca e valutazione di tempi e luoghi abbaziali mi è prezioso consigliere Luigi Marsiglia: a lui, attento conoscitore dei mondi della religiosità, e a Gianni Santilio, per quel che riguarda la logistica e tutti i contatti organizzativi, affido il compito di preparare le nostre tappe.

Sette sono le nazioni che il cammino abbraccia: Gran Bretagna, Francia, Germania, Olanda, Belgio, Svizzera e Italia. E ogni tappa, come anticipato, prevede in un'unica giornata più momenti: la presentazione del territorio e dei suoi prodotti, il dibattito sulla parola chiave e la performance artistica.

Avevo immaginato di toccare entro l'inizio del Giubileo 2025 una dozzina di tappe, non di più. E invece le tappe si sono moltiplicate, e qualcosa mi dice che andremo ancora oltre. Un po' come, mi piace pensare, è successo alle abbazie, che si sono diffuse in un tempo assai breve. Di quelle benedettine-cistercensi, ad esempio, ne sono sorte ben 343 nei pochi anni che vanno dalla fondazione dell'ordine cistercense per opera di Roberto di Molesme (1098) alla morte di Bernardo di Chiaravalle, nel 1153.

Il paesaggio delle abbazie è stato la chiave per poter ricreare, tappa dopo tappa, un cammino che ci facesse abitare quei momenti dell'anima che il *partire*, il *transitare* e l'*arrivare* imprestano e ricevono dall'idea e dall'esperienza del mettersi in viaggio. Andando e scavando in profondità, dentro noi stessi, finalmente.

È per questo che *In cammino* rappresenta per me un

potente invito a proseguire lungo la strada tracciata da un Medioevo che è molto diverso da quello dei secoli bui che ci hanno insegnato. È una forte esortazione a saperne di più, a guardare più a fondo. Ci riuscirò? Ci riuscirete anche voi se, incuriositi da questa lettura, deciderete di mettervi subito in cammino?

1.
Cammini di ieri e di oggi

> L'Europa è nata in pellegrinaggio e la sua lingua materna è il cristianesimo.
>
> J.W. GOETHE

CANTERBURY, SI PARTE!

David Monteith, alto prelato della Chiesa anglicana, è il «Very Reverend» e «Dean» di Canterbury. Il largo sorriso con cui mi accoglie all'esterno della cattedrale – l'erba del prato è soffice e rugiadosa in questo primo mattino – scioglie i nodi della mia forte emozione. Dico a me stessa «Ci siamo», mentre lo sguardo fatica ad abbracciare questo trionfo del gotico che tutto intorno incombe protettivo e maestoso. E mi sovrasta.

L'elegante giacca bianca da *clergyman* che il reverendo indossa si apre e mi avvolge in un abbraccio, di fronte alla telecamera. Penso che fin qui è andato tutto bene e che tra poco incontrerò il sindaco, la signora Jean Butcher, assieme allo sceriffo – sì, lo sceriffo! – della contea: Tom Mellish. Mi ricevono nella palazzina del comune, in Military Road.

È la prima tappa del nostro viaggio. Ho insistito perché si partisse proprio da qui, nella contea del Kent, a 87 chilometri da Londra, perché con Canterbury – capitale spirituale dell'isola, sede primaziale della Chiesa di Roma (VII secolo) e, in seguito, anche di quella d'Inghilterra – nasce la pratica e l'esperienza del pellegrinaggio che è bello ricordare e giusto celebrare. Un po' di storia.

Dopo essere stato ordinato arcivescovo di Canterbury da papa Giovanni XV, Sigerico tiene, durante il viaggio di ritorno, un diario in latino, oggi conservato al British Museum. Su due pagine annota quindi ottanta «mansioni», ovvero i centri in cui si ferma a pernottare. Il religioso impiega settantanove giorni a percorrere, per lo più a piedi, i 1.600 chilometri del tragitto, con una media di circa venti chilometri al giorno.

Le informazioni contenute nella cronaca ci aiutano a ipotizzare quale fosse, a cavallo tra il X e l'XI secolo, il tracciato originario della via Francigena, tra Canterbury e Roma, parte integrante di una rete di percorsi che collegavano le regioni della Francia all'Italia.

È stata una gioia poter avviare il progetto proprio da qui, l'origine di un cammino spirituale e di una geografia comuni. L'origine, anche e soprattutto, di un impegno ad affrontare una temperie tra le più difficili che il mondo abbia conosciuto negli ultimi anni – frutto del convergere di un dopo-pandemia, dello scoppio di nuove guerre e dell'acuirsi del cambiamento climatico – e che getta ogni giorno un'ombra cupa sul futuro nostro e delle nuove generazioni.

In cammino vuole dunque confermare una tradizione, farsi erede di una storia che affonda le radici in un passato lontano e che ci unisce, al di là dell'ispirazione laica o religiosa, all'insegna di una prospettiva di pace.

Con questo spirito, il 28 luglio 2023 – dopo il simbolico taglio del nastro all'abbazia di Sant'Agostino – alla Tower House di Canterbury iniziava il nostro percorso.

Nella cittadina di oltre quarantamila abitanti si respira

ancora oggi un'antica atmosfera, proprio come ai tempi di Geoffrey Chaucer, il padre della letteratura inglese, autore dei *Racconti di Canterbury*, composti tra il 1386 e il 1400.

Connie Nolan, l'angelo custode cui il sindaco mi ha affidato, membro del suo Gabinetto, dopo avermi accompagnato in visita alle rovine dell'abbazia di Sant'Agostino, tiene particolarmente a mostrarmi la chiesa di San Martino. A prima vista l'edificio mi sembra spoglio, circondato da un cimitero fiorito, ma merita attenzione e rispetto perché è la più antica chiesa consacrata del mondo anglosassone, datata attorno al 580. Questo luogo di culto era la cappella privata della regina Berta, principessa dei Franchi di religione cristiana, moglie del monarca pagano Etelberto, re del Kent e bretwalda. Una chiesa, quindi, precedente all'arrivo nel 597 di Agostino, il monaco inviato da papa Gregorio Magno per convertire i Sassoni.

L'edificio sorge su una collinetta fuori dalle mura romane e alcuni elementi – come i mattoni – sembrano testimoniare che la religione cristiana fosse professata già in quel periodo. Beda il Venerabile, infatti, sosteneva che la chiesa fosse stata costruita in epoca romana e poi caduta in disuso. La sua architettura, tuttavia, sembra smentire questa teoria, suggerendo che l'edificio potrebbe essere stato costruito all'inizio della migrazione anglosassone della metà del IV secolo. Il giardino della chiesa contiene le tombe di molte famiglie locali importanti e di personaggi noti.

Agostino, durante la sua opera di evangelizzazione, fonda un monastero nei pressi di Canterbury che avrebbe dovuto accogliere le spoglie dei re del Kent e degli arcivescovi cittadini. Il complesso ha conosciuto rifacimenti e ampliamenti, già con la conquista normanna dell'XI secolo, fino alla sua trasformazione in abbazia (XIII secolo). Nel 1500 l'abbazia occupa un terreno molto esteso e la sua biblioteca contiene oltre duemila volumi, un numero enorme per quel periodo. Ma il 30 luglio 1538 il suo destino è segnato: Enrico VIII confisca tutte le proprietà della Chiesa cattolica e nei successivi quindici anni l'abbazia viene smantellata. Attualmente le sue rovine sono patrimonio dell'UNESCO, protette dall'English Heritage, un ente pubblico che tutela e conserva il patrimonio storico e culturale inglese.

Ma torniamo ad Agostino. Poco tempo dopo il suo arrivo, Etelberto e i suoi sudditi si convertono al cristianesimo, il monaco decide quindi di edificare una chiesa più grande all'interno delle mura a cui il papa concede il rango di cattedrale. Canterbury diventa così la prima sede episcopale dell'isola e il monaco Agostino il suo primo vescovo.

Con quasi 1.400 anni di storia nelle sue fondamenta, la cattedrale è un riferimento importante per l'architettura gotica inglese. La pianta originaria, a croce latina, nel corso dei secoli è stata modificata.

Nel 1174 è quasi integralmente distrutta da un incendio, da cui si salva solo la cripta che è pertanto la parte più antica, e viene ricostruita in stile gotico dall'architetto francese Guglielmo di Sens. Quella di Canterbury è dunque la prima cattedrale gotica d'Inghilterra: uno splendido edificio con pianta a doppia croce e a tre navate.

L'abside ospita, in una cappella nota come «Corona», le vetrate originali della chiesa, che mi lasciano ammirata per la loro bellezza e perché sono miracolosamente sopravvissute alla furia iconoclasta della riforma anglicana e alle bombe del secondo conflitto mondiale. Conosciute come le *Finestre dei miracoli* e considerate le più importanti serie di vetrate medievali in Inghilterra, raffigurano scene della vita di Thomas Becket e fanno parte di una serie più ampia che include soggetti dell'Antico e del Nuovo Testamento. Alla fine del XV secolo risalgono due elementi architettonici iconici del monumento: la navata centrale, originariamente in stile romanico, e la Bell Harry Tower, esempio unico di stile gotico perpendicolare.

L'ampiezza e lo slancio di questi spazi risuonano, verso sera, dell'*Evensong*, la cerimonia dei vespri che offre al viaggiatore una vivida esperienza e l'emozione dell'ascolto del coro della cattedrale. Tutti i giorni, durante le funzioni religiose, il coro intrattiene la comunità di Canterbury e le migliaia di visitatori e pellegrini provenienti da ogni parte del mondo.

Composto di dodici coristi professionisti (*Lay Clerks*: quattro bassi, quattro tenori e quattro controtenori) più trenta ragazzi tra gli otto e i dodici anni, allievi della Saint Edmund's School, il coro si esercita tutti i giorni. La mattina presto, prima della scuola, e il pomeriggio, prima dell'*Evensong*, in cui esegue diversi generi musicali, medievali come pure moderni.

Sullo sfondo dell'altare maggiore, nell'ultimo tratto della cattedrale, caratterizzato da una forma semicircolare allungata, la Cappella della Trinità oggi ospita la tomba di Enrico IV, morto nel 1413, e di sua moglie Giovanna di Navarra, morta nel 1437. Vi si trovava il santuario d'oro di Thomas Becket, lord cancelliere del regno e arcivescovo di Canterbury. Contrario all'abolizione dei privilegi ecclesiastici voluta da Enrico II, venne assassinato da quattro sicari al soldo del re il 29 dicembre 1170. Un tragico evento che avrà trasposizioni teatrali, come *Assassinio nella cattedrale*

(1935) del drammaturgo Thomas Stearns Eliot, e cinematografiche, *Becket e il suo re*, girato da Peter Glenville (1964) e interpretato da Peter O'Toole e Richard Burton.

Becket è stato santificato da papa Alessandro III nel febbraio del 1173. Al suo sangue vengono attribuiti poteri miracolosi e questa credenza ha condotto schiere di fedeli a Canterbury. La sua tunica, donata nel 1485 da Enrico VII Tudor al papa, è custodita nella basilica romana di Santa Maria Maggiore. La Cappella della Trinità, dove sono conservati i resti di Becket, è stata fino alla sua distruzione iconoclasta voluta nel 1538 da Enrico VIII meta di pellegrinaggio. Questa nuova improvvisa devozione dirige ora, verso Canterbury, anche i testimoni di un martirio che segna l'inizio di una insanabile rottura con la Chiesa di Roma. Non più e non solo i *romei*, i pellegrini della via Francigena, compongono l'esercito, non sempre mite, di questo cammino penitenziale alla volta di Canterbury che conosce così e ormai una lunga storia.

SULLE ORME DI SIGERICO

A cavallo dell'anno Mille, la pratica del pellegrinaggio ha come meta i luoghi santi della cristianità: Gerusalemme, Santiago di Compostela e Roma. La via Francigena, al centro dei grandi itinerari della fede, diventerà un canale di comunicazione decisivo nel determinare quell'unità culturale che caratterizza l'Europa medievale. E che la rete delle abbazie renderà forte e diffusa, consentendoci di appurare (non senza qualche stupore) che anche in quel lontano passato si viaggiava molto e si coprivano lunghe distanze proprio perché c'era una fitta trama cui appoggiarsi. Un reticolo non solo – ma anche – di abbazie.

E dunque: da dove arriva la parola «pellegrinaggio»? Dal latino classico: dal verbo *peragro*, che significa viaggiare, girovagare; letteralmente «andar per campi». È giunta sino a noi attraverso l'antica lingua provenzale, dei menestrelli, lungo le vie dei pellegrinaggi. Non ha una valenza positiva: i girovaghi, cioè i *pelegrini*, sono guardati con diffidenza perché si muovono al di fuori del sistema di valori condiviso dai *cittadini*. In inglese il termine «pellegrinaggio» ha invece due accezioni, designando sia il viaggio per motivi religiosi verso una qualche meta, sia quello per ragioni personali, per omaggiare o commemorare qualcuno.

Oggi, trascorsi gli anni del tempo sospeso della pandemia, e in un presente continuo di sangue e di guerra, avanza un popolo di camminatori e biker, protagonista di un nuovo pellegrinaggio (lento e sostenibile). Me lo raffiguro come un movimento neoreligioso, soprattutto per il senso di responsabilità che esprime verso il futuro e per l'attenzione insegnata dal cambiamento climatico e di vita alle nuove generazioni, nel rispetto di quel bene prezioso e comune che potremmo chiamare *il vivente*.

Penso anche però alla ciclicità con cui si afferma l'idea di viaggio in sintonia con la ciclicità con cui conosciamo i grandi mutamenti. Sul tema mi aveva già istruito un bellissimo libro di un sociologo americano, Eric J. Leed, *La mente del viaggiatore*. Ci rifugiamo nel viaggio anche per cominciare una *vita nuova*, sostiene. Purificazione e ardimento sono compagni del mettersi in cammino verso mete lontane.

«Malgrado la diffidenza nei confronti del viaggio e del viaggiatore sia ancestrale, il mondo euro-mediterraneo è fondato sul viaggio. Viaggiatori sono, nell'antichità classica, Ulisse ed Enea. Essi viaggiano non per scelta, ma per uno scherzo del destino.» Sono alcune delle parole che Andrea Antonio Verardi, docente alla Pontificia università gregoriana, ha voluto regalarci nella tappa d'esordio che ha visto protagonista, al centro dei nostri pensieri, il termine pellegrinaggio.

«In un tempo ancora antico, ma che si apre a dinamiche nuove, viaggiatore è anche Paolo di Tarso. Per uno scherzo della provvidenza inizia da cieco, sulla via di Damasco, il suo cammino, che si concluderà a Roma, con la morte, dopo aver fondato numerose comunità di cristiani in giro per il Mediterraneo. Lo scopo del suo andare non è l'avventura ma l'evangelizzazione.»

Con la diffusione del cristianesimo emerge l'interesse per la Palestina romana che, con l'imperatore Costantino e sua madre Elena, si concentra in particolare sulla Terra Santa. Fu la loro attività a trasformare quella regione nel memoriale della vita di Gesù. La madre dell'imperatore è stata forse una delle prime cristiane a compiere un lungo viaggio in Terra Santa, durante il quale fonda chiese – come quella sull'orto degli ulivi – e, secondo la leggenda, trova sul Golgota la croce di Gesù. Elena ne porta i frammenti in Occidente: un pezzo a Costantinopoli e uno a Roma. In questo tempo nuovo, che è la tarda antichità cristiana, il pellegrinaggio nei luoghi della fede inizia ad affermarsi come una delle mete possibili per le élite dell'impero.

Riuscite a immaginare il viaggio di una donna, per

quanto nobile, nel IV secolo? Attraversare in carrozza parte dell'Europa continentale, superare il Mediterraneo in nave e raggiungere l'Egitto e poi la Palestina... Tutto questo non sarebbe stato possibile senza una rete di relazioni, istituzionali e personali, all'altezza della situazione.

Un altro esempio è Egeria, una nobile romana di religione cristiana: viaggia perché può contare su una rete di ospitalità e di guide esperte. Il suo percorso può compiersi anche perché l'impero le assicura vie e porti sicuri, un sistema di comunicazione ancora in grado di collegare, in poche settimane, le due estremità dell'Impero romano.

Egeria non è stata certo l'unica pellegrina del IV secolo a recarsi in Oriente per vedere con i propri occhi i luoghi in cui Dio si era fatto uomo. Già pochi decenni dopo, invece, all'inizio dell'Alto Medioevo, le persone tendenzialmente non viaggiano, e non certo per pigrizia. Gli spostamenti sono infatti oramai preclusi per via delle guerre e del crollo di quel sistema «statale» che aveva garantito strade sicure. Si tratta però solo di una breve parentesi, perché lo spirito d'avventura e il desiderio del *fantastico* torneranno ad affermarsi a partire dal IX secolo: il Medioevo diventa l'epoca d'oro dei pellegrinaggi. La fede offre al viaggiare la motivazione, la meta da raggiungere e anche la legittimazione sociale della sua impresa.

Se per l'antichità classica il viaggio rappresenta qualcosa di intrinsecamente negativo, che si contrappone alla positività della *stabilitas*, per il Medioevo cristiano ha una valenza in parte positiva, poiché diretto dalla devozione.

Le strade che dall'Inghilterra portano a Roma sono percorse pure da re e nobili che si recano nella capitale della cristianità, con le mani legate da pesanti catene. Stanno compiendo un pellegrinaggio «penitenziale». Tra i pellegrini medievali figurano anche le donne che, dopo aver chiesto e ottenuto il consenso dal marito e fatto testamento, si mettono in viaggio verso i *luoghi santi*. Roma, Santiago, ma anche Tour e Canterbury sono le mete di un'esperienza che coinvolge persone di ogni estrazione sociale.

Si parte per le ragioni più disparate e spesso tra le fila di questo popolo in cammino si contano avventurieri o, peggio, furfanti. La finalità religiosa universalmente riconosciuta permetteva infatti al pellegrino di attraversare *senza intoppi* regni e territori differenti potendo accedere a strade e porti senza dover pagare tributi o tasse per il transito. A offrirci uno spaccato di questa variegata umanità in marcia, nel XIV secolo, è proprio il già citato Geoffrey Chaucer con suoi *Racconti di Canterbury*.

I pellegrini che si recavano a Gerusalemme e a Roma avevano un nome specifico: i primi erano detti *palmieri*, perché al ritorno avevano come segno distintivo una palma, mentre i secondi erano chiamati *romei*. *Romeo* era stato, appunto, nel X secolo Sigerico, che ci ha lasciato un itinerario particolareggiato del suo ritorno a Canterbury.

Roma diviene in Occidente la principale meta di pellegrinaggio. Tanto che, nell'Europa continentale, la parola che indica il pellegrino cambia: i viaggiatori sono chiamati *roumieux*.

Sarà Dante, nella *Vita Nova*, a introdurre una differenziazione, non solo concettuale, tra esuli e pellegrini per fede, che si palesa anche negli oggetti che distinguono i viaggiatori per fede, i quali devono essere facilmente riconoscibili, principalmente per motivi legali e fiscali. Del resto, la parola stessa «pellegrino» evoca in noi l'immagine di un individuo con un bastone, un cappello a tesa larga, un mantello, la bisaccia. (O che reca con sé un oggetto simbolico: ad esempio la conchiglia di san Giacomo dei pellegrini di Santiago di Compostela.) Per il mondo medievale, l'abito fa dunque letteralmente il monaco.

Non stupisce, allora, che molti sovrani abbiano emanato leggi per tutelare i pellegrini sinceri e punire severamente gli altri. Il rischio di finire nelle mani di truffatori era infatti purtroppo sempre dietro l'angolo.

Di questo cambio di prospettiva troviamo testimonianza nel più grande poema della letteratura inglese medievale, *Piero l'aratore*, composto tra il 1370 e il 1390 da William Langland. I suoi pellegrini sono diretti a Roma e a Santiago non per fede, ma per avere storie da raccontare. Accade che uomini e donne del Medioevo utilizzino il pellegrinaggio come viaggio di piacere, o come «via di fuga» – socialmente legittimata – dalle proprie responsabilità. Per avere l'occasione di «cambiare aria» basta infatti ottenere l'approvazione del proprio referente religioso (per le donne anche il *placet* del marito), estinguere i propri debiti e fare testamento.

Che in pieno Medioevo il pellegrinaggio fosse il pretesto per vivere avventure di ogni tipo lo mostra anche il vivido racconto della mistica Margery Kempe, la prima autrice di un'autobiografia nella letteratura inglese, vissuta a cavallo tra Trecento e Quattrocento. Dopo un'esistenza vissuta nello sfarzo e nei vizi, Margery conosce una profonda conversione. Ma la sua unione mistica con Gesù ha manifestazioni decisamente poco piacevoli per i suoi compagni di viaggio, perché la donna urla e piange in continuazione, struggendosi per il dolore del Cristo in croce.

La storia di Kempe conferma come la pratica del pellegrinaggio, che nei secoli ha portato un gran numero di persone a camminare verso i luoghi della devozione cristiana, è ormai entrata con forza nell'immaginario della cultura popolare. A tal punto che, nello stesso Shakespeare, si trovano parole come *pilgrim*, *pilgrimage* e *palmer*: non solo e non tanto per descrivere il *pellegrinaggio*, quanto per fare di questa potente esperienza di vita un simbolo e una metafora della condizione umana. Una sorta di *imprinting*, scolpito nella memoria creativa dell'autore, che ci regala in alcuni suoi testi situazioni che vale la pena ricordare a grandi linee.

Così ad esempio Elena, in *Tutto è bene quel che finisce bene*, vuole intraprendere un pellegrinaggio al santuario di San Giacomo a Firenze.

Nell'*Enrico* IV, invece, quanto detto da uno dei malviventi della banda di Falstaff tradisce i rischi e le difficoltà che correvano i pellegrini: «Ragazzi miei [...] vi saranno di passaggio dei pellegrini in cammino per Canterbury con delle ricche offerte».

Una sorpresa è trovare nel *Riccardo* II la frase: «Darò il mio scettro in cambio del bastone del pellegrino».

E, ancora, in *Romeo e Giulietta* Shakespeare utilizza una similitudine particolarmente delicata, nel momento in cui i due si incontrano e si innamorano.

Dice Romeo: «Se credete che io profani con la mano più indegna questa sacra reliquia (peccato degli umili, del resto), le mie labbra rosse come due timidi pellegrini cercheranno di rendere morbido l'aspro contatto con un tenero bacio». E Giulietta: «Buon pellegrino, voi fate un grave torto alla vostra mano, che non ha fatto altro che dimostrare un'umile devozione. Anche i santi hanno le mani, e le mani dei pellegrini le toccano; palma contro palma: infatti è questo il bacio sacro dei palmieri».

«Ma i santi e i palmieri non hanno labbra?», chiede Romeo, e Giulietta ribatte: «Sì, pellegrino, labbra che servono per la preghiera». Romeo: «Oh, allora, dolce santa, lascia che le tue labbra facciano come le tue mani; esse pregano, tu esaudiscile»*.

Il pellegrino appassionato, una raccolta di poesie attribuite in parte a Shakespeare, è interamente dedicata al tema dell'amore, alla sua ricerca, alle insidie che nasconde, alle gioie e ai dolori che può procurare.

Una metafora completa... Un vero pellegrinaggio della passione.

ON THE ROAD, ALLA RICERCA DEL VIAGGIO

Le guerre di religione, i mutamenti politici e culturali che caratterizzano l'epoca moderna segnano la fine del pellegrinaggio così come era stato inteso lungo il Medioevo. Da un lato la rottura dell'unità medievale occidentale riorganizza i pellegrinaggi prevalentemente su base nazionale, dall'altro questa pratica sopravvive solo nel cattolicesimo. Compare ora quello che i contemporanei definiscono «pellegrinaggio pio», per distinguerlo concettualmente da altre forme, come quelle laiche. Del resto la stessa *Encyclopédie*

* William Shakespeare, *Romeo e Giulietta*, introduzione, note e nuova traduzione di C. Gallo, Milano, BUR, 2023.

di Diderot e d'Alembert, alla voce *pèlerinage*, considera la pratica oramai estinta. E se l'idea del pellegrinaggio «personale» in qualche modo resiste è perché il suo significato è radicalmente mutato ed è culturale.

Privati dell'espediente religioso e oramai secolarizzati, gli uomini e le donne dell'Ottocento ricominciano a tradurre il loro pellegrinaggio interiore in viaggi la cui motivazione principale è culturale. La nobiltà di Inghilterra e Germania, soprattutto, dà vita a quello che va sotto il nome di Grand Tour. Un viaggio in Italia e in Grecia alla ricerca delle vestigia di un passato glorioso. Ed è Lord Byron, uno dei personaggi più celebri ad aver compiuto il Grand Tour, a definire esplicitamente, nel poema *Childe Harold's Pilgrimage*, questa esperienza un pellegrinaggio.

Se l'Illuminismo segna la morte del pellegrinaggio antico e medievale, così come lo aveva conosciuto per secoli la vecchia Europa, il Romanticismo lo traghetta nella modernità. Il pio pellegrinaggio sopravvive in forme nuove e strutturate: quello cattolico diviene, ad esempio, esperienza collettiva, in cui l'individuo trova se stesso lungo un cammino comunitario. Un'esperienza alla quale si prende parte senza distinzione di età, sesso o ceto sociale. Nel pellegrinaggio laico, invece, il Romanticismo reintroduce la dimensione personale, enfatizzando l'interiorità del singolo.

Non stupisce quindi che, per arrivare ai giorni nostri, dopo l'esperienza traumatica delle guerre mondiali, dagli Stati Uniti all'Europa, i ragazzi abbiano fatto del viaggio, inteso come pellegrinaggio alla ricerca di se stessi, il tratto distintivo di intere generazioni. Non a caso il romanzo fondativo della Beat Generation è *Sulla strada* di Jack Kerouac. Una generazione, quella Beat, sospesa tra una società che i giovani non accettano più e un futuro che non intravedono chiaramente.

Nel romanzo i protagonisti affrontano il viaggio come necessità, senza comprenderne sino in fondo la ragione. E infatti non sapranno rispondere al poliziotto che li ha fermati e chiede loro perché siano in cammino. Davanti a una semplice domanda – «Andate da qualche parte di preciso, voi ragazzi, o viaggiate senza meta?» – si mostrano smarriti: «Non capimmo la domanda, eppure era una domanda maledettamente chiara». In questo breve scambio di battute è racchiuso lo scarto esistenziale tra le esperienze precedenti e quelle di una modernità che fatica a comprendere con strumenti etici, religiosi e culturali la natura stessa del viaggio.

Nel lungo Novecento post-bellico i giovani pellegrini non hanno più guide o itinerari. La loro unica certezza è il viaggio. Essi, come d'altronde i loro più o meno illustri predecessori, comprendono l'importanza del viaggiare come strumento di conoscenza, in senso generale e personale, ma, a differenza dei primi, hanno difficoltà a riconoscere lo stesso valore alla meta da raggiungere.

Le immagini, spesso iconiche, di queste generazioni rappresentano giovani autostoppisti in cammino su strade deserte e assolate. Quella del moderno viandante è un'iconografia che ha perso i tratti distintivi dell'antico pellegrino: non ha più il cappello, il bastone o un'insegna che identifichi lo scopo del viaggio. È un'intera generazione che vive sulla strada: da Woodstock, all'isola di Wight, dagli Āśrama dell'India, alle comunità della California, tutti viaggiano alla ricerca di se stessi.

Non a caso uno dei best seller internazionali dei primi

anni duemila è stato *Mangia, prega, ama* di Elizabeth Gilbert, «pellegrinaggio» contemporaneo di una giovane donna che, per ritrovare se stessa, lascia le sue certezze: lavoro, famiglia, posizione sociale.

Come Egeria o Magdalene, prima di intraprendere il proprio viaggio, Elizabeth si sente in dovere di ottenere un consenso sociale. Figlia della Beat Generation, la protagonista del romanzo lo fa però senza aver chiaro il dove «geografico» del suo andare, né il filo conduttore che dovrà tenere insieme le tappe. Unica certezza, dettata dalla modernità, è la necessità di ritrovare se stessa.

Ecco allora che siamo quasi arrivati a noi. A un'idea di pellegrinaggio incentrato sull'interiorità, sulla ricerca di se stessi senza una meta precisa e senza una strada ben definita. «Nel pellegrinaggio moderno c'è solo la strada e chi la percorre.»

La letteratura e i libri vi giocano un ruolo centrale, attrattivo e seduttivo: basti pensare a quanti si sono fatti pellegrini recandosi a Santiago dopo la pubblicazione del libro *Il cammino di Santiago* di Paulo Coelho. Da Gerusalemme a Canterbury, passando per Roma, Tour e San Michele Arcangelo sul Gargano, se l'istinto al viaggio è comune, la ragione del viaggio trova sempre origine in un racconto. L'importante è essere disposti a mettersi *in cammino.*

2.
Il silenzio e la parola

> Si dice che ogni persona è un'isola, e non è vero, ogni persona è un silenzio, questo sì, un silenzio, ciascuna con il proprio silenzio, ciascuna con il silenzio che è.
>
> JOSÉ SARAMAGO

LA BIBLIOTECA DI SAN GALLO. UN'ISOLA DI CONOSCENZA

È un novembre ventoso che diviene nevoso quello che ci viene incontro a pochi chilometri dal lago di Costanza. Le autorità ci accolgono con cordiale ospitalità nel nuovo palazzo municipale.

Visitiamo la cattedrale che espone una Bibbia scritta a mano durante l'isolamento della pandemia da mille cittadini sangallesi di tutte le età trasformati in moderni amanuensi. Quel volume, poggiato su un leggio, rappresenta un piccolo ma immenso segno di speranza, realizzato nel pieno di uno dei periodi più tragici e desolanti del nuovo millennio.

Visitando la basilica neogotica di San Lorenzo, importante monumento divenuto oggi chiesa evangelica riformata, resto colpita in particolare dalla bellezza delle linee e dalla scarna semplicità dell'interno, dominato da un maestoso organo.

Appena fuori mi avvicino a frate Alberico, laureato al Politecnico di Milano, che ha promesso di accompagnare me e la mia squadra in alcune tappe di questo percorso. Mi ha raggiunto da Chiaravalle Milanese, dove abbiamo trascorso molto tempo preparando con fervore ed emozione questo nostro viaggio-progetto.

Alberico ha un viso sorridente che ispira un'immediata simpatia. La cadenza lombarda beneficia di un bel timbro di voce, il tono è suadente e autorevole, anche perché accompagna le parole con un movimento delle braccia, in un intreccio di competenza ed eleganza. Con lui sono sincera: ho una gran voglia di vedere il complesso abbaziale, ma anche di ascoltarvi la riflessione che il cardinal Ravasi ci ha promesso sul tema del silenzio.

La ascolteremo in quella meraviglia dell'architettura barocca che è la biblioteca di San Gallo, patrimonio UNESCO dal 1983. A varcarne la soglia si viene letteralmente catapultati nel XVIII secolo. L'abbazia, però, è precedente: risale al 612 dopo Cristo e la sua pianta definitiva – realizzata nel IX secolo in occasione dell'ampliamento del complesso abbaziale – è considerata un modello ispiratore dell'architettura monastica in tutta Europa.

Per il rispetto che si deve al preziosissimo parquet settecentesco dobbiamo indossare delle soffici pantofole. Si scioglie così la rigida soggezione che il luogo incute e attraversiamo, come in una casa di amici, l'imponente portale lasciandoci alle spalle l'iscrizione greca che lo sormonta: «Psychès iatreion», clinica dell'anima. Frate Alberico osserva che quelle parole rimandano da un lato al patrimonio di conoscenza e sapere che, nei secoli, il coraggio degli abati ha qui raccolto e difeso da guerre e saccheggi; dall'altro all'effetto terapeutico e balsamico che la lettura ci regala.

Entriamo nella biblioteca tardo-barocca (è il barocco detto «del lago di Costanza»), datata 1767, e rimaniamo senza fiato davanti alla teatralità dei suoi affreschi, che ritraggono i quattro concili ecumenici di Nicea, Costantinopoli, Efeso e Calcedonia, così come dall'eleganza e dalla leggerezza degli intarsi in legno e degli stucchi.

In questa parte della visita, abbiamo una guida d'eccezione: il direttore della biblioteca, Corel Dora, che ci accompagna alla scoperta dei molti tesori esposti nelle teche, a cominciare dai frammenti della pergamena dell'Editto di Rotari. Il documento, rilegato nel 1972 in un nuovo volume, rappresenta una pietra miliare della storia dei Longobardi.

Spiegandoci la storia dell'edifico, il direttore individua nell'introduzione della Regola benedettina – che imponeva ai membri della comunità la disciplina di letture quotidiana – l'inizio dell'attività connessa allo *scriptorium*, l'officina in cui generazioni di monaci si sono dedicate all'arte della calligrafia, della decorazione e della rilegatura. Scuola e biblioteca completano l'offerta culturale di questo scrigno del sapere che conserva codici, manoscritti e incunaboli unici e rari che non è stato certo facile proteggere: 170.000 libri, 50.000 dei quali qui esposti.

In più occasioni i monaci hanno dovuto mettere in salvo la collezione, nascondendola persino in Austria. La prima grande minaccia è stata quella degli Ungari nel x secolo, che hanno messo a ferro e fuoco i conventi di mezza Europa. Poi, in epoca moderna, i seguaci della Riforma si sono scagliati contro questi tesori del mondo cattolico, e infine nel 1805 i rivoluzionari di Francia hanno soppresso l'abbazia e secolarizzato la biblioteca.

Ma i monaci hanno saputo vincere anche le sfide tecnologiche, mostrandosi sempre al passo con i tempi. Nell'epoca dell'invenzione della stampa, infatti, hanno fondato una stamperia, mentre oggi, con il dominio di internet, hanno lanciato un progetto di digitalizzazione dei testi medievali.

Mentre ci addentriamo in questo grande silenzio, le parole del direttore sono come ovattate, sembra quasi che la neve che cade fuori ne attutisca il suono.

So che il capitolo 6 della Regola propone ai religiosi *l'amore del silenzio*. E guardo Alberico in cerca di conferma. Lui mi rassicura: è proprio dall'osservanza di questa prescrizione che nasce l'usanza del linguaggio dei segni che l'abate Odone introdusse a Cluny.

In un manoscritto trovato a Clairvaux, ben 227 segni illustrano il più ricco dei vocabolari della gestualità e disegnano un alfabeto amico della meditazione e quindi del silenzio. Con le dita o con le braccia, quei segni tracciano nell'aria messaggi o istruzioni che dirigono la giornata dei monaci. Almeno così mi piace immaginare. E tra me e me penso a cosa non ci si *inventi* quando si è costretti a rispettare il silenzio.

«DIO È UN SILENZIO CHE PARLA»

La mia attesa non è stata delusa. Esordendo nella riflessione sul silenzio che il cardinale Gianfranco Ravasi ci ha consegnato, ha sottolineato come a San Gallo, tanto l'abbazia quanto la sua splendida biblioteca siano suggestive. Una sorta di oasi, mirabile dal punto di vista non soltanto culturale, ma spirituale e storico, al punto che «anche per questo motivo» ha osservato «il tema che mi è stato assegnato – e che voi potrete poi per altra via anche approfondire e persino vivere – è un tema di grande rilievo, all'interno soprattutto della cultura contemporanea».

Ascoltarlo è stata un'incursione dello spirito in piste poco battute, collegamenti inusuali e illuminanti, anche se ciò ha significato rompere, sia pure per un poco, il silenzio di questo luogo tanto solenne. E non stupisce che l'emozione mi colga ancora oggi, mentre le sue parole riaffiorano alla mente.

È innanzitutto paradossale – ci ha detto Ravasi – che, per poter parlare del silenzio, si debba ricorrere alla parola, che è il suo contrario.

In verità, vedremo come le due realtà si intreccino tra di loro. Dobbiamo riconoscere che sul tema del silenzio sono state scritte pagine sterminate. Tra i lavori più recenti, ad esempio, quello di un sociologo francese di Strasburgo, David Le Breton, il quale proprio sul «silenzio» ha composto un saggio molto articolato che ha come sottotitolo *Fuggire dal rumore del mondo.* Ecco allora qual è la vera antitesi: da una parte il silenzio e dall'altra il fracasso, il rumore, la chiacchiera, non tanto la parola.

Il punto di partenza di questa riflessione potrebbe essere per la nostra società una frase curiosa del libro dell'Apocalisse: «Si fece silenzio per mezz'ora sulla terra».

Questa mezz'ora sarebbe veramente un grande dono, anche per il nostro pianeta. Se, ad esempio, si riuscisse a far sì che per mezz'ora le persone si trovassero da sole a riflettere e cancellassero quest'onda ininterrotta di chiacchiere, di parole anche aggressive che corrono attraverso i viali informatici dell'*infosfera.*

Sarebbe significativo che questo silenzio avesse però le caratteristiche del silenzio bianco, che è altra cosa dal silenzio nero.

Il silenzio *nero* è pura negazione: di suoni, voci, parole; è mutismo. E come tale crea anche incubo. Le giovani generazioni, ad esempio, ricorrendo a suoni e a voci sempre più forti, vogliono in qualche modo esorcizzare questo silenzio senza senso. Questa carenza di significato: perché manca qualsiasi ammiccamento a un tema o a una verità.

Il silenzio *bianco*, invece, proprio come il colore che lo definisce, è la sintesi di tutti i colori, è lo spettro cromatico che corre nella sua integralità, in maniera istantanea. Ed è per questo che allora il silenzio bianco diventa *effabile* nella sua ineffabilità.

È il momento della meditazione, della contemplazione. È il momento, appunto, in cui la persona tenta di entrare in se stessa, di scoprire la sua coscienza, di scoprire il suo pensiero, di riflettere e magari anche di uscire da sé e di scoprire il significato degli eventi che la circondano. Di salire anche verso l'alto, verso l'eterno e l'infinito. Sono quindi molteplici le possibilità che si annidano nel silenzio bianco.

E, a proposito di meditazione, Leopardi nello *Zibaldone* annota questa etimologia, abbastanza fondata: *meditare* deriva dalla parola *medeor*, che in latino significa curare, guarire. È una sorta di terapia dell'anima. Una consapevolezza nota già nell'antichità remota. Infatti si narra che lo storico greco Ecateo di Abdera, in viaggio in Egitto, abbia visitato il Ramesseum, il grande mausoleo del faraone Ramses II, e che lì si sia trovato davanti a un portale che conduceva a un'ampia sala su cui comparivano dei geroglifici. Ecateo se li fa tradurre e ne annota il significato: *psychès iatreion*, ovvero clinica dell'anima. Proprio quel che abbiamo appena letto entrando nello spazio del silenzio bianco della biblioteca. E all'interno del grande palazzo di Ramses II, la clinica dell'anima era appunto la sua biblioteca, un'oasi di silenzio nella quale si ha la possibilità di approfondire, di interrogarsi, di scavare e scoprire la realtà profonda delle cose. Così, in questa luce il silenzio bianco diventa fondamentale.

Ed ecco allora un passaggio ulteriore da fare accanto a meditazione e contemplazione, il termine «mistica», parola correlata al «mistero». Forse non tutti sanno quale è la sua radice, il suo etimo. È il verbo greco *myein*. Già nel pronunciarlo bisogna chiudere le labbra e *myein* vuol dire appunto semplicemente chiudere le labbra, tacere. «Mistica» quindi, «mistero», sono i silenzi, la capacità di chiudere fuori il rumore, la parola esterna, per scoprirne una interiore. Anzi, per sostituire all'ascolto un altro esercizio dei nostri organi che è fondamentale: la visione. Il vedere.

Giobbe, al termine del suo travagliato e tormentato itinerario di interrogazione nei confronti di Dio per la sua tragedia, per il dramma che lo sta attraversando, per la ferita che lo fa sanguinare, dopo aver ascoltato Dio in silenzio, dice: «Io ti conoscevo per sentito dire». Attraverso la parola. Mentre ora i miei occhi ti vedono. E quindi Giobbe tace.

Ecco: il vedere, la visione, è alla base dell'esperienza mistica, dell'esperienza contemplativa. Una realtà che ai nostri giorni è poco praticata. Anche se (e qui un esempio curioso da segnalare) nelle abbazie, nei monasteri, nei conventi, spesso – da quando soprattutto i monaci hanno aperto le porte a questa esperienza – si vede un flusso di persone, che magari hanno una vita intensissima durante i giorni feriali, ma che la domenica provano a entrare in uno spazio in cui al massimo risuonerà il canto della liturgia perché, per il resto, c'è soltanto il linguaggio del silenzio bianco.

C'è una dialettica, un'antitesi tra il silenzio e la chiacchiera, non tanto tra silenzio e parola, ché le vere parole hanno bisogno di un alone di silenzio; l'ascolto autentico ha bisogno di silenzio. In particolare, ha bisogno di silenzio l'ascolto della musica. La musica, la grande musica, non è antitetica al silenzio. Sappiamo infatti che le pause, che sono segnate nella notazione musicale, brevi o lunghe che siano, sono momenti, quasi grembi germinali, per far fiorire il suono che segue.

E chi sta imparando a suonare di solito conta: uno, unodue. Per sapere poi fino a quanto semmai contare... i grandi pianisti, ad esempio, non calcolano, possono anche decidere per un silenzio pure più lungo, se necessario: per poter far sì che esso rompa il suono che gli succederà.

Ecco perché è detestabile – quando accade – che squilli un cellulare nel bel mezzo di un'esecuzione musicale o mentre si rappresenta una grande opera. Proprio per questo motivo quel silenzio, nell'ascolto, diventa fondamentale.

Uno scrittore e musicista francese del secolo scorso diceva che, quando si è finito di eseguire un pezzo di Mozart, il pubblico, se ha ascoltato veramente, quasi si ferma. Non applaude, ma resta qualche istante in silenzio. Ebbene, aggiungeva: «Quel silenzio, l'ha scritto Mozart». La vera musica, la vera parola, il vero messaggio, crea per sua stessa natura il silenzio.

Ci sono tante evocazioni possibili attorno a questo tema... anche dalla latinità, dalla classicità. Ad esempio, il drammaturgo Publilio Siro, un liberto condotto a Roma dalla Siria, diceva: «Io mi sono spesso pentito di aver parlato, mai di aver taciuto».

Per tradizione, il mondo giudaico non pronuncia il nome di Dio – che di solito noi indichiamo con Yahweh – e non sa neppure come si debba pronunciare, perché questa parola è composta da quattro consonanti. Quindi gli Ebrei osservanti, quando trovano questa parola nella Bibbia (che è la più usata nell'Antico Testamento, più di 6.000 volte), che cosa dicono? Dicono HASHEM: il nome. Semplicemente. Il nome di Dio non lo si pronuncia, perché dirlo significa in qualche modo circoscriverlo, schiacciarlo, impedire il suo infinito.

È una grande lezione: ci sono realtà che non si devono pronunciare.

«Nell'amore come anche nella fede, i silenzi sono molto più eloquenti delle parole» diceva Pascal. Tant'è vero che quando gli innamorati hanno esaurito tutte le parole che possono dirsi, che cosa fanno se il loro sentimento è sincero? Si guardano negli occhi. E quel silenzio è un linguaggio più eloquente.

Lo scoprirà, a suo modo, anche il profeta Elia, in un passo della Bibbia spesso citato. Elia, disperato perché perseguitato e solitario, fugge dal Regno del Nord e si dirige verso il Sinai, il Monte Horeb. Ormai sfiduciato, tenta persino di abbandonarsi alla morte, sotto un albero, ma l'angelo del Signore lo costringe invece a scalare il monte dove spera di incontrare Dio. E lo incontra. Ed è suggestiva proprio la narrazione della Bibbia nel primo libro dei Re, capitolo 19, quando afferma che si scatena una tempesta ed Elia crede che lì sia Dio, come era accaduto sul Sinai con Mosè. E invece Dio non è nella tempesta. Si scatena allora un terremoto, ma Dio non è nel terremoto. Si scatenano i fulmini che squarciano gli alberi ed Elia crede che sia lì veramente la voce potente di Dio, che risuona come alcune altre volte era accaduto. E invece ancora una volta Dio lì non c'è.

E alla fine c'è una frase. Tre parole soltanto, in ebraico, che rivelano come ci sia qualcosa di misterioso nella vera scoperta di Dio. Ed è una «voce di silenzio sottile»: *qol demamah daqqah* (*qol*: una voce; *demamah*: silenzio; *daqqah*: sottile). Ed è a quel punto che Elia si vela il volto perché capisce che lì è veramente entrato Dio.

Dio qui non è una parola pronunciata, non è neppure un giudizio clamoroso, è invece *un silenzio che parla.*

FULDA. ANTICHI SAPERI

Parlava di silenzio, monsignor Ravasi, ed è lo stesso mondo di un silenzio che ancora attraversiamo a Fulda. Siamo nel cuore della Germania dei monasteri, che nelle abbazie di Magonza e di Fulda testimoniano, nei loro *scriptoria*, una supremazia storica nelle procedure di scrittura e di copiatura dei codici, almeno sino al secolo XII.

La storia di Fulda ha inizio nel 744 quando il benedettino Sturmius viene inviato da san Bonifacio, l'«apostolo» evangelizzatore della Germania, a fondarvi un importante monastero. La struttura originaria viene ampliata e ricostruita appena cinquant'anni dopo perché meta di pellegrinaggio alle spoglie di san Bonifacio. Carlo Magno farà poi di Fulda un luogo di formazione ma anche un avamposto di cristianizzazione.

Delle antiche pietre del monastero benedettino non c'è

oggi più traccia. Nel 1700 l'architetto Johann Dientzenhofer ne ha fatto una maestosa basilica che onora il gusto del tempo. Fiancheggiano la facciata, anticipando nel disegno l'imponente cupola centrale, due torri gemelle di sessantacinque metri. Luminoso e leggero, questo duomo che si ispira alle basiliche romane parla una lingua, quella del barocco, che ci allontana da questo Medioevo germanico che ora però voglio proprio conoscere soprattutto in un suo primato: quello della trascrizione e fabbricazione dei libri, che sarà poi appannaggio delle università e degli ordini mendicanti. Merito di Bonifacio e di Carlo Magno, bibliofilo oltreché imperatore: la biblioteca reale di Aquisgrana diventerà infatti la prima biblioteca di Stato, parte importante del primo assetto educativo-culturale di ambito europeo.

Alberico mi spiega che, accanto a San Gallo – che ebbe la propria età dell'oro con l'abate Solomone III, vescovo di Costanza –, nell'area germanica i principali istituti monastici dotati di biblioteche e di *scriptoria* sono stati: Reichenau (con gli abati Waldo e Heito), Murbach e Weissenburg in Alsazia, Lorsch (con l'abbazia che dicono prediletta da Carlo Magno) ed Echternach fondata da Villibrordo nell'VIII secolo. Fulda sarà il più importante snodo culturale dell'Europa del tempo, con una biblioteca che, sotto l'abate Hraban, nel IX secolo, è il principale centro di trasmissione della letteratura latina antica.

Fa una breve pausa, Alberico, e subito dopo sembra avere come un'illuminazione, che mi trasmette prontamente. È proprio qui che l'umanista fiorentino Poggio Bracciolini individua e fa trascrivere importanti testi classici assai prima della distruzione della biblioteca per opera degli svedesi nel

1631, durante la Guerra dei trent'anni. Curioso poi che lo scrittore Stephen Greenblatt, in *The Swerve: How the World Became Modern*, un saggio storico pubblicato nel 2011, ricostruisca le avventurose vicende in cui Bracciolini (segretario personale di Baldassarre Cossa, diventato papa nel 1410 come Giovanni XXIII, la cui elezione fu a tal punto contestata da dover rinunciare al soglio pontificio) fu coinvolto.

Siamo attorno al 1417, quando Bracciolini scopre nella biblioteca di Fulda il manoscritto del *De rerum natura*. Lo farà copiare da uno scrivano e ne manderà la copia a un amico di Firenze, Niccolò Niccoli, perché ne produca altri esemplari. Sarà poi l'invenzione di Gutenberg a permettere la diffusione del poema di Lucrezio, dando avvio alla sua fortuna, e quindi a quella di Epicuro. Secondo Greenblatt la riscoperta di questo libro perduto potrebbe aver cambiato la storia della cultura europea, favorendo l'interesse per le idee epicuree, che ispirerebbero l'origine del Rinascimento e quindi dell'evo moderno.

Devo assolutamente vedere lo scrigno di tutti questi tesori. La biblioteca. Si trova nel seminario, il più grande edificio barocco eretto a Fulda, negli anni sessanta del Seicento. Le sue tre grandi ali vanno a formare l'ampia corte del chiostro, appena dietro il duomo. E proprio qui, in epoca carolingia, sotto il maestro e abate Rabano Mauro – uno dei più importanti poeti dell'epoca –, si forma il monaco e poi abate Valafrido Strabone del monastero di Reichenau, fondato nel 724, su un'isola del Lago di Costanza. Alle opere e ai nomi di Rabano e Valafrido è legata la biblioteca della Facoltà Teologica che ora ci accoglie all'interno del seminario per un convegno-confronto dedicato ai lasciti e all'attualità di questo mondo benedettino.

Gereon Becht-Jördens, storico, filologo, direttore scientifico dell'Istituto Bibliotheca Fuldensis e grande conoscitore dell'opera di Strabone, illustra il tema sostenibilità e spiritualità monastica. E suscita in tutti noi sorpresa e curiosità ricostruendo l'origine della parola «sostenibilità», oggi più che mai abusata. Un termine la cui storia risale alla fine del XVIII secolo e si collega al romanzo di Goethe *Gli anni di apprendistato di Wilhelm Meister*, pubblicato nel 1795. Grazie a Becht-Jördens scopro che il termine «sostenibile», inizialmente apparentato a «duraturo» o «resistente», proprio nel XVIII secolo acquisisce un significato tecnico speciale nell'ambito della scienza forestale.

In un testo del 1804 in cui si parla di tassazione delle foreste, il botanico tedesco Georg Ludwig Hartig (1764-1837) afferma che non si dovrebbero abbattere alberi oltre le previsioni di rigenerazione, per garantire che si mantenga l'equilibrio tra la riproduzione delle piante e l'impiego via via più massiccio di legname. Ci troviamo quindi, per la prima volta, di fronte a un invito a usare con parsimonia le risorse, consapevoli che se ne ha disponibilità limitata. È un appello a evitarne il *sovrasfruttamento*, pena la perdita di ogni possibilità di fruizione futura. Molto interessante, soprattutto se pensiamo che soltanto nella seconda metà del XX secolo fa la sua comparsa l'idea di una nostra *responsabilità verso il futuro*, indirizzandosi verso tutte le risorse naturali che, a lungo considerate inesauribili, sono invece destinate a consumarsi.

Quello di non poter mettere a repentaglio il sostentamento delle generazioni future, diviene un problema etico fino ad allora sconosciuto. E abbiamo a che fare con una responsabilità sia verso condizioni lontane nel tempo (le generazioni a venire), sia verso aree geograficamente lontane e in ultima analisi verso l'intero pianeta. Ci troviamo così per la prima volta di fronte a una doppia dissoluzione dei confini della responsabilità umana, in termini temporali e spaziali. E si pone la questione della compatibilità di quest'etica della rinuncia e dell'autolimitazione con un sistema economico che dipende strutturalmente da una crescita costante. E questa fame di crescita non può essere soddisfatta dall'aumento della popolazione mondiale: il sistema provvede infatti alla soddisfazione dei bisogni dei soli partecipanti *solventi*. Nello stesso tempo, cresce costantemente la pressione sugli ecosistemi e sulle aree naturali in conseguenza dell'espansione dei terreni dedicati all'agricoltura e dei problemi ancora irrisolti relativi alla prevenzione delle emissioni e allo smaltimento dei rifiuti.

Certo, a ben guardare, per gli uomini del Medioevo la natura appariva piuttosto come un avversario prepotente a cui dover strappare il necessario per vivere o sopravvivere in una lotta spietata e continua. E per di più sotto la minaccia costante di carestie e calamità naturali. Terra, acqua, aria, foreste, assieme alle risorse del sottosuolo sembravano allora inesauribili e la sola idea di doverle usare con parsimonia sembrava *di là da venire*. Non però in questa preveggente e imprevedibile Europa delle foreste che il direttore di Fulda ci ha appena raccontato.

TILBURG. NEL SILENZIO DIGITALE

E siamo in Olanda. All'abbazia di Onze Lieve Vrouw (Nostra Signora) di Koningshoeven, nel paesino di Berkel-Enschot, tre chilometri da Tilburg, provincia del Brabante settentrionale. Koningshoeven («il giardino del re») è un complesso monastico trappista molto suggestivo circondato da un magnifico parco e da un sistema di canali. La sua fondazione risale al 1881, un'architettura assai più vicina a noi rispetto a quella dei monasteri che abbiamo fin qui visitato. Questo importante centro spirituale declina la purezza dell'animo in un prodotto, la birra, che adotta un sistema naturale per depurare l'acqua: una serra di filtraggio formata da settanta specie differenti di piante e felci. Davvero un *unicum* in Europa.

«Pur pregando sette volte al giorno il Signore, per ringraziarlo delle meraviglie del Creato, ci siamo accorti che non stavamo facendo nulla contro l'inquinamento del pianeta» mi dice l'abate, padre Isaac Major. «Siamo stati quindi costretti a diventare più ecosostenibili.»

Torneremo a parlare di birra in seguito, ma per il momento restiamo nel mondo delle biblioteche, perché a pochi chilometri da qui regna ancora il silenzio, sia pure diverso perché digitale.

Lo spazio che visitiamo è infatti una biblioteca del futuro che ospita e alimenta il co-working: il caso ci ha condotti a Tilburg, città del tessile nel Sud dei Paesi Bassi, in un ex deposito ferroviario, esempio importante della serie di trasformazioni edilizie in cui il patrimonio industriale si muta in una cornice ideale per ospitare istituzioni culturali. Quella di Tilburn si chiama LocHal. La struttura originaria è un capannone industriale, che dal 1932 al 2009 è stata sede di un'intensa attività di costruzione e riparazione di locomotive e carrozze ferroviarie. E dal 2014 è stata trasformata in uno spazio urbano in cui celebrare la memoria collettiva di questo luogo storico.

LocHal è situata nella Spoorzone («area ferroviaria») lungo la linea che collega Breda a Eindhoven, nei pressi della stazione di Tilburg e di altri edifici industriali rinnovati, come la Cupola Hall, la Hall of Fame, la Cultural Factory, un teatro e un polo scolastico.

«L'Olanda è Paese duale. Sia dal punto di vista geografico, sopra e sotto il livello del mare, sia religioso perché cattolico, e quindi sobrio e archetipico, ma anche protestante, cioè audace.» Non ricordo dove ho letto questa frase, ma la consegno a frate Alberico, mentre ci viene incontro Conny van Rooij, responsabile di Seats2meet Tilburg Spoorzone, il centro organizzativo di tutte le attività che LocHal ospita o promuove.

Nel pomeriggio ha preparato per noi un intervento che ha per titolo *De Bibliotheek LocHal: storia di un recupero architettonico* e ci anticipa una breve descrizione dell'edificio. Costituito da una doppia navata, forma un ampio spazio in cui le locomotive potevano essere sollevate su carroponti e spostate. Il progetto di ristrutturazione è andato incontro alla richiesta dell'amministrazione locale di realizzare un edificio che avesse le caratteristiche per diventare un'unica grande piazza urbana coperta, uno spazio interno che potesse rappresentare lo spirito della città nel suo insieme e allo stesso tempo farsi interprete di un futuro di sviluppo economico.

Alberico sta al gioco e si avventura in un'analogia assai fantasiosa e insieme convincente. Sostiene che in passato la locomotiva sia stata il veicolo per eccellenza della mobilità e della trasformazione di Tilburg e che ora la città, con LocHal, stia promuovendo una nuova forma di mobilità, virtuale, quella che caratterizza la conoscenza digitale.

Conny ci parla dell'idea architettonica ispiratrice della

biblioteca, che ignora volutamente le soluzioni classiche ed è organizzata come uno spazio aperto, trasparente e disteso, libero dalla sensazione di vigilanza o controllo. Si sviluppa su più piani, in cui tavoli di lettura, aree di studio comuni e spazi singoli s'intrecciano e si accavallano al complesso.

Lo spazio può essere delimitato da pareti tessili più o meno opache, realizzate in collaborazione con il Tilburg Textile Museum; si avvertono dunque i suoni delle attività attigue, ma senza nessuna percezione d'invadenza o d'isolamento. Le pareti mobili conferiscono un senso di morbidezza e ingentiliscono la rigidità della struttura. Siamo nel pieno di un ambiente decisamente urbano, che tuttavia comunica calma e tranquillità. E che, nelle intenzioni degli architetti, invita con naturalezza al rispetto reciproco.

Osservo questo gigante industriale, che profuma di storia locale, diventato un *hub* dello stare insieme accanto a libri, mostre d'arte e performance del teatro, della danza e del mimo. È la ragione per cui ho ritenuto che LocHal non potesse non rientrare nel grande racconto delle biblioteche di *In cammino*. Chissà, assieme a quella di Babele che Borges sospetta «perdurerà: illuminata, solitaria, infinita, perfettamente immobile, armata di volumi preziosi, inutile, incorruttibile, segreta»*.

Non so se Conny ami o conosca Borges, di certo ha ancora tanta voglia di raccontarci LocHal e prosegue oltre, arricchendo la sua descrizione con nuovi particolari.

Questa struttura è il risultato della collaborazione di progettisti e investitori, uniti nella ricerca di un metodo non scontato per far sì che un edificio in qualche modo

* Jorge Luis Borges, *Finzioni*, Milano, Adelphi, 2003, p. 186.

faccia una città. Le dimensioni dei vari spazi sono quindi state definite per favorire al massimo l'apprendimento e la condivisione delle conoscenze. Da qui l'idea di proporre una distribuzione diversificata tra grandi e piccole stanze per un totale di trecento postazioni di lavoro, tanto nell'anfiteatro collettivo quanto nelle celle singole. A queste si aggiungono un ufficio Seats2meet, un tavolo per l'arte con annesso spazio espositivo, un ristorante, aree di lettura, una sala eventi, la biblioteca del Midden-Brabant, un KennisMakerij («laboratorio per la creazione di conoscenza») per una superficie totale di oltre 11.000 metri quadri.

Mi guardo intorno incantata. Un vecchio hangar ferroviario del 1932 è diventato un luogo di condivisione e di socializzazione non solo conservando la struttura del suo design originario, ma addirittura comunicando la positività creativa dei colori squillanti e inaspettati delle copertine dei libri, degli spazi di co-working e naturalmente delle opere esposte nelle mostre d'arte. Conny avalla questa sensazione: si tratta di una sorta di metafora che diventa concreta perché un edificio dedicato alle locomotive *traina e spinge* lo studio, il sapere e l'arte. Christian Kieckens, un architetto assai noto nei Paesi Bassi e in Belgio, ha scritto di questo progetto come di «un'improvvisazione completamente orchestrata, paragonabile al jazz fusion»: i musicisti eseguono le loro improvvisazioni dando vita a un'armonia in cui il suono di ogni strumento rimane perfettamente distinguibile. E ora i cittadini di Tilburg hanno fatto loro l'edificio, «vivendolo come un salotto della città».

Penso al silenzio di LocHal e alle solitudini digitali che lo stare insieme in questo spazio del «co-working bibliotecario» mi sembra faccia crescere. Certo, c'è ancora chi legge e incontra la materialità rugosa del libro, ma moltissimi qui, al loro tavolo, interrogano la rete o affidano a forme primitive di intelligenza artificiale il compito di dar vita, ad esempio, a una traduzione.

Due piattaforme come Deepl o Converso soccorrono allora la mia continua rincorsa nel tentativo di padroneggiare una crescita tecnologica incessante che condanna la mia generazione a un perenne *stare indietro*. Che differenza farà allora questo silenzio di solitudini che trovo a LocHal con l'apparente uguale silenzio che regna nella carrozza della metro dove tutti gli sguardi sono univocamente indirizzati verso lo schermo privato del proprio smartphone? Forse il contesto e la sua cornice dedicata alla curiosità del sapere, al lavoro che ci impone di trovare risposte, segna la vera differenza con la metro. Qui una piattaforma veloce mette insieme vite e storie differenti e lontane attorno a richieste e ricerche le più personali, le più distanti. Solo la mimica dei volti con cui reagiamo alla lettura e agli stimoli che ci vengono dallo schermo comunica a noi spettatori-viaggiatori qualcosa dei sentimenti e dei pensieri del «sequestrato» che abbiamo al nostro fianco. E che potremmo bellamente aggredire, tanto è rapito dal suo mondo social. Mentre a LocHal è diverso: perché siamo tornati al *mondo-in-presenza*. LocHal è uno spazio veramente abitato. Siamo come, felicemente, travolti da un'onda di ragazzi che ancora vogliono parlarsi (e ascoltare).

VIBOLDONE. L'ARTE DI CUSTODIRE

È tempo di tornare in Italia, a Viboldone per l'esattezza, dove l'abbazia dei Santi Pietro e Paolo, bella e austera, ospita un laboratorio di restauro del libro antico, diretto da suor Maria Antonietta Giudici.

L'edificio è un'importante testimonianza di un'architettura lombarda che si fa ammirare per l'armonia delle linee e delle cromie. Fu fondato nel 1176 e completato nel 1348 dagli Umiliati, un ordine religioso formato da monaci, monache e laici che, attorno all'attuale chiesa, conducevano una vita di preghiera e di lavoro fabbricando panni di lana e coltivando la terra con metodi di lavorazione assai innovativi. Non potevo non visitarlo, prima di tutto per incontrare e conoscere anche quest'altra «metà del cielo» monastico, abitato dalle monache benedettine. E poi per chiudere il cerchio di questo ciclo di un silenzio che ha salvato e trasmesso le parole della classicità e che ora traghetta e piega un sapere antico nelle tecniche immateriali della modernità.

Madre Anna Maria Pettoni, badessa della comunità monastica delle benedettine di Viboldone, mi accoglie dunque per accompagnarci nella visita al Laboratorio di restauro del libro antico. Da più di quarant'anni qui le monache si occupano del recupero di codici manoscritti, volumi a stampa, su supporti cartacei o membranacei, e anche mappe, disegni, stampe. Si tratta di beni di valore storico, testimonianze di produzioni artigianali talvolta molto raffinate. Una scelta che deriva da una tradizione di amore per il libro e per la scrittura propria del monachesimo benedettino.

Abituati come siamo alla velocità del presente, è difficile immaginare quanto potesse essere lunga e faticosa l'attività della copiatura. Si calcola che la Bibbia impegnasse il lavoro lungo l'arco di un intero anno di più *amanuensi* (dal latino: *a manu servus*). Questi monaci – esonerati dalle preghiere dell'ora terza, sesta e nona per poter sfruttare la luce naturale – copiavano mediamente dalle dieci alle dodici pagine al giorno. Eseguivano il lavoro in un luogo deputato, lo *scriptorium*, una sala spaziosa, illuminata da numerose finestre in cui si esercitavano diverse attività. In rigoroso silenzio, così come prescritto da uno degli articoli del Capitolo generale del 1134.

Curioso però che a Cîteaux, l'abbazia che dà origine al monachesimo cistercense, lo *scriptorium* non avesse uno spazio dedicato, a differenza della biblioteca vera e propria, al primo piano, nonostante tutti sapessero in quale considerazione fosse tenuta l'arte della copiatura all'epoca di Stefano Harding, l'abate inglese co-fondatore dell'ordine cistercense, che vi si dedicherà, con un costante miglioramento di mezzi tecnici e artistici, per i ventiquattro anni del suo priorato. Poi sullo splendore di quei testi miniati calerà la mannaia di Bernardo di Chiaravalle: «Le lettere siano di un solo colore, e in nulla fiorite»*.

Il percorso che porta alla copiatura parte dalla preparazione, affidata agli *scriptores*, dei fogli di pergamena, lisciati e tracciati con linee parallele che avrebbero guidato la mano del copista; segue poi la vera e propria copiatura del manoscritto, adagiato su di un leggio, avendo cura particolare per la fedeltà al testo e la qualità della scrittura. Il secondo passaggio era la decorazione, la cosiddetta «miniatura», da *minium*, colore usato per riquadrare le pagine e per scrivere i titoli e le lettere iniziali dei manoscritti.

* Raymond Oursel, *I monaci nella civiltà dell'occidente cristiano*, Milano, Jaca Book, 1988.

Certo un lavoro secondario rispetto a quello di riprodurre e tramandare il testo, ma di sicuro impatto visivo. Basti pensare che, a differenza degli amanuensi, ci è giunto il nome di diversi miniaturisti, spesso pittori rinomati, autori di creazioni dai colori vivaci o di dorature anche in oro zecchino che danno inizio ai paragrafi e ai capitoli, piccoli capolavori nello spazio di pochi centimetri. Infine la rilegatura, decisiva per l'uso e la conservazione dei testi, era affidata all'opera di raffinati artigiani del cuoio e dell'argento che spesso abbelliva gli angoli dei volumi.

La carta, naturalmente, è ancora di là da venire, e, soprattutto nell'Alto Medioevo, nella manifattura della pergamena destinata a uso librario si impiegano pelli di agnello, pecora, montone, cavallo o capra. La pergamena – che deve il suo nome alla città di Pergamo, nell'Asia Minore, dove fu inizialmente utilizzata – viene lavorata in modo da diventare liscia e costituire la pagina del testo. La necessità di approvvigionamento di questo prezioso e costoso materiale spiega dunque il perché della cura delle greggi di ovini da parte dei monaci.

Oggi invece, nell'epoca del digitale, può capitare che raccolgano – come avviene, ad esempio, presso il Centro di Documentazione dell'abbazia cistercense di Morimondo – le immagini, le diapositive, le fotografie, i disegni, le tavole, i progetti di restauro, di tutte le abbazie cistercensi. Con un *focus* particolare sui temi della spiritualità, dell'agricoltura e dell'architettura, che rappresentano la vera e propria cifra di una *legacy* imperitura: quella che racconta la straordinaria avventura e impresa di questo filone del monachesimo benedettino.

Quando andrete a Morimondo – dovete andarci – visitate lo *scriptorium* affrescato con elementi floreali, geometrici, lettere dell'alfabeto, rappresentazioni del mondo come conosciuto allora. In una delle nicchie che lo impreziosiscono è raffigurata la gazza ladra, con il suo inconfondibile piumaggio bianco e nero, che simboleggia l'abito cistercense, composto di una tunica bianca di lana e di uno scapolare nero.

Lo *scriptorium* di Morimondo è purtroppo (ma anche per fortuna) solo virtuale: perché, se è vero che dei circa novanta codici miniati che i documenti ci dicono siano stati prodotti lì non ne è presente neanche uno, è anche vero che ne sono stati individuati e riprodotti digitalmente circa settantotto. Così che le pagine di decine di codici sono oggi fruibili in un formato digitale che ci consente di parlare di un invidiabile *scriptorium virtuale.* E della loro trasmissibilità – un potente alleato contro la sfida del tempo e la deperibilità dei materiali – che afferma però, sempre di più, il primato di una civiltà del *virtuale.* Mentre io sogno ancora la concretezza della materia, l'incanto e il disegno delle sue pietre.

3.
Architetti del bello

CÎTEAUX. DOVE NASCE LA *CHARTA*

«La forma della bellezza che fin da lontano veste i paesaggi delle abbazie, in realtà, è il prodotto di un sentire nuovo dell'architettura.» Con questa sua osservazione frate Alberico mi incuriosisce e decido di incoraggiarlo. Ridendo gli ricordo quanto afferma il capitolo 66 della Regola di Benedetto: «Possibilmente il monastero deve essere costruito in modo da potervi trovare quanto è necessario, cioè l'acqua, un mulino, un orto e reparti per le varie attività, così che i monaci non debbano girovagare fuori: ciò infatti non reca alcun vantaggio alle loro anime».

Alberico non si picca e prosegue nella sua argomentazione: senza voler anticipare la modestia e il minimalismo che pervaderà la costruzione cistercense, dobbiamo sapere che a ispirare l'architettura di queste abbazie è la villa romana. In particolare il chiostro (dal latino *claustrum*) ricorda il peristilio e svolge la sua stessa funzione, ossia mettere in comunicazione le diverse parti che costituiscono la struttura, tenendole tuttavia isolate. Questo ambiente che, nell'Alto Medioevo, indicava il recinto chiuso al cui interno si ritiravano i monaci, a partire dal IX secolo diventa uno spazio regolare quadrilatero, circondato da portici. «Ho però dimenticato di richiamare una premessa» aggiunge, «i principi architettonici che disegnano la forma delle abbazie nascono con il passaggio dalla vita solitaria degli eremiti a un regime comunitario, cenobitico, basato sulla condivisione di regole di comportamento e quindi di spazi destinati alla vita comune. La chiesa, il chiostro, il refettorio, il dormitorio, la sala capitolare e l'infermeria sono gli spazi condivisi; mentre i laboratori, la cucina, la cantina, i magazzini, lo *scriptorium* e la biblioteca ospitano il lavoro dei monaci.»

Quando chiedo ad Alberico se esista la pianta ideale di un'abbazia, mi risponde che è conservata presso la biblioteca di San Gallo, dove troviamo lo schema di una vera e propria «città abbaziale». Il cuore funzionale e geometrico dell'impianto è il chiostro, quadrato e porticato. Lo affianca la chiesa, lungo il cui asse ordinatore si dispongono il coro e i volumi delle absidi e delle torri.

La chiesa e il chiostro, arguisco, sono dunque gli spazi di elezione e Alberico conferma. La chiesa è il centro della vita liturgica, mentre il chiostro è lo snodo funzionale e rappresentativo della vita comune, intorno al quale troviamo infatti la chiesa, la sacrestia, la sala capitolare, il parlatorio, il refettorio, la cucina, la dispensa e i locali riservati alle attività dei conversi, i confratelli laici. Non va però dimenticato che, per dirla con un importante storico francese, Georges Duby, «la costruzione cistercense è la proiezione di un sogno di perfezione morale» e che proprio al centro di questa costruzione c'è il chiostro, «crocicchio dell'universo» dove tutto è luce e chiarezza, raffigurazione di un paradiso ricostruito. Sono talmente belle le parole che Duby dedica al chiostro che non mi riesce di abbandonarle: «Un'area in cui giunge al suo termine l'addomesticamento del caos silvestre, in cui tutto il cosmico ridiventa collezione ordinata, accordo musicale». E non è forse per questo che i chiostri cistercensi piacciono tanto anche oggi, «oggi che ne rimane solo il guscio, che tanto più ci commuove in quanto è perfettamente vuoto»*?

Quando gli domando di indicarmi un'abbazia originaria, senza alcuna esitazione, Alberico risponde che il «racconto» delle abbazie ha un'origine indiscussa: Cluny, fondata in Borgogna nel 910. Un prestigio che deriva, citando ancora Duby, «dal suo splendore, in cui si sacrificava, a gloria di Dio e dei signori, il frutto del lavoro altrui», in cui lo spazio si allargava e si ornava per dare risonanza al canto liturgico della comunità, per accogliere le processioni e per predicare attraverso la scultura figurata e la decorazione: qui la società tripartita dava spettacolo di sé, con un posto assegnato a ogni «personaggio», compreso il «povero».

Sapevo che Cluny, che aveva adottato la Regola benedettina, era diventata la più famosa e sovvenzionata abbazia d'Europa, raggiungendo l'apice dell'influenza tra la seconda metà del x secolo e i primi anni del xii, anche in virtù dell'elezione al soglio pontificio di alcuni dei suoi monaci (come Ildebrando di Soana, divenuto Gregorio vii).

Inoltre, a partire dal x secolo, l'architettura abbaziale si afferma come fatto sociale e politico e per tutto il periodo

* Georges Duby, *Saint Bernard. L'art cistercien* (1976), trad. it. *San Bernardo e l'arte cistercense*, traduzione di M. Zini, Torino, Einaudi, 1982.

della riforma gregoriana Cluny rappresenterà un modello per l'architettura di tutta la Chiesa (in seguito sarà Montecassino, ricostruita dall'abate Desiderio, a partire dal 1066, l'esempio cui ispirarsi).

Mentre mi preparavo a questo viaggio alla scoperta delle abbazie, avevo letto che la crisi di Cluny prepara l'epoca d'oro dei cistercensi, e Alberico coglie l'occasione per spiegare con chiarezza e semplicità questo passaggio fondamentale. «Intorno al 1050 il modello Cluny dà i primi segnali di stanchezza: i monasteri cluniacensi sono troppo ricchi, troppo vicini alle città, e non incontrano la nuova aspettativa di uno stile di vita ispirato alla povertà evangelica che una parte del monachesimo ora reclama. La fondazione nel 1098 dell'abbazia di Cîteaux, sempre in Borgogna, porterà nel 1119 alla *Charta Caritatis*, ispirata ai principi disciplinari elaborati dai primi abati di Cîteaux: Roberto di Molesme, Alberico e Stefano Harding.»

Alberico spiega inoltre che, a partire da allora, tutta l'Europa cristiana registra una presenza importante dei cistercensi che danno vita a un sistema di governo federativo di abbazie legate al Capitolo generale di Cîteaux, l'assemblea annuale che orienta l'indirizzo dei diversi monasteri. La stella polare del loro cammino è la ricerca di un nuovo equilibrio tra liturgia comunitaria, meditazione individuale e lavoro manuale. «Insomma» conclude Alberico, «un ritorno alle origini della regola benedettina.»

Un ruolo di estrema rilevanza nella storia dell'ordine viene assunto da san Bernardo, fondatore e primo abate di Clairvaux, che tra il 1130 e il 1153 si afferma come il principale protagonista della riforma. Ed è sempre lui a condurre un'incessante battaglia contro la rilassatezza dei costumi, a rimettere il monachesimo al suo giusto posto, cioè ai margini. I riformatori cistercensi, cui lui dà voce, si convincono della verità evangelica che «non sono necessarie molte cose per fare l'esperienza di Dio» e puntano sull'essenziale: il culto liturgico, l'orazione, il vestito, il cibo, gli spazi in cui vivere. «Nei nuovi monasteri» si infervora Alberico «l'uomo giunge alla migliore conoscenza di sé, in nome della misura e dell'equilibrio esteriore e interiore. Si bonifica l'anima, allo stesso modo in cui si bonifica il luogo. E, per restare in tema di architettura, nell'*Apologia ad Guillelmum Abbatem*, Bernardo condanna gli eccessi di monumentalità e di ornamento delle chiese monastiche promuovendo una rigida geometria che si fonda su un sistema di progettazione *ad quadratum*, basato cioè sulla moltiplicazione modulare di cellule quadrangolari.»

Mi sembra che a questa idea di semplificazione corrisponda una precisa filosofia e Alberico concorda. «L'odiata "decorazione" va eliminata», mi spiega, ribadendo quanto già detto in merito alla miniatura. «Per Bernardo dobbiamo tornare a concentrarci sull'essenza, cioè sull'anima (la nostra anima), eliminando il superfluo nell'arte, rifiutando la ricchezza e il lusso che sono un furto ai poveri. "La vita materiale non abbia mai la precedenza su quella spirituale", è questa la chiave per leggere l'architettura cistercense.» Dunque Bernardo diventa il maestro dell'opera di un vasto cantiere inseparabile da questa nuova etica. Nasce con lui il «nuovo monastero», spoglio, essenziale, funzionale, costruito in radure lontane sottratte all'intrico della foresta, eremo e chiostro insieme: un luogo dove poter tornare all'origine della Regola benedettina e ritrovare la strada indicata dal Vangelo. Sui timpani dei portali e sui capitelli delle chiese niente più sculture quindi; nulla deve allontanarci dall'idea di Dio. Si tratta di tradurre nello spazio la Regola benedettina che, nel 1134, il Capitolo generale ha enunciato con somma precisione vietando qualsiasi decorazione scolpita o dipinta ed elencando i vincoli architettonici che partono dal rispetto della piazza monastica.

Mi torna in mente quanto avevo letto circa la durezza della Regola, che aveva eliminato ogni orpello dalle chiese, in primo luogo pitture e sculture. Come se potesse decifrare i miei pensieri, Alberico prosegue: «La nuova architettura è semplice ma di grande impatto, soprattutto grazie all'uso della pietra nuda, che diventa il principale elemento di costruzione e di decorazione... Proprio come piacerà a Le Corbusier, che ritrova nei cistercensi i suoi convincimenti: l'uso dei materiali "con la loro pelle ruvida" (la pietra e il cemento grezzo), della luce rubata che diventa materia e dell'ombra. Insomma, l'architettura cistercense è un gioco sapiente, abile e magnifico di volumi ordinati sotto la luce».

Ma c'è anche altro e cioè l'attenzione alla funzionalità, che porta all'esigenza di escogitare, per ogni oggetto, luogo o edificio ritenuto essenziale, la forma più adeguata.

«Ecco che ricompare il chiostro della villa romana» suggerisco ad Alberico, che annuisce.

«Gli architetti cistercensi hanno costruito il loro progetto in base a considerazioni funzionali dettate dalla sistemazione idraulica, dalla luce o dai materiali disponibili nella regione, ma rispettando le raccomandazioni di Bernardo circa gli spazi necessari per servire Dio secondo la Regola: l'oratorio, il refettorio, il dormitorio, la locanda e la portineria.»

«Eppure non mi pare resti quasi traccia delle prime abbazie dell'ordine, tutte in Borgogna: Cîteaux, nel 1098...» comincio a dire, ma il mio compagno di avventure mi interrompe.

«Cîteaux intende recuperare l'aspirazione alla solitudine propria del movimento eremitico dell'XI secolo. Non a caso nei primi documenti il monastero viene definito "eremo". È stato fondato il 21 marzo 1098 in una località acquitrinosa, punteggiata di cespugli di rose selvatiche (*cistels*). Il fondatore e primo abate è Roberto di Molesme, che nella sua ansia di ascesi e rinnovamento ha abbandonato numerosi monasteri. L'ultimo, l'abbazia di Molesme di cui era abate, l'ha lasciato insieme a ventuno monaci, scelti per dar vita a quel "nuovo monastero" che solo dal 1120 sarà chiamato Cîteaux, in latino *Cistercium*.»

Mi diverto a stuzzicare bonariamente il mio interlocutore, dicendogli che, da quel che ho letto, a Roberto succederà un certo Alberico... Ma lui non si scompone e prosegue nel descrivere l'operato del suo omonimo, che crea il sistema dei frati conversi e contribuisce, assieme al suo successore, Stefano Harding, a gettare le basi per la grande biblioteca, che negli inventari redatti al tempo della Rivoluzione francese conta ben 10.353 volumi...

«In breve tempo i monaci non sono più in grado di accogliere i numerosi postulanti e iniziano le nuove fondazioni, ben dodici sotto Stefano Harding. Tra queste, il 25 giugno 1115, c'è Clairvaux, di cui Bernardo, appena venticinquenne, sarà il primo abate. Il suo spirito eroico attirerà tante vocazioni da far sì che, nel giro di soli tre anni, Clairvaux possa fondare la prima "casa-figlia", Trois-Fontaines, cui ne seguiranno altre sessantaquattro durante la vita di Bernardo. E presto la Francia conterà duecento monasteri.»

Mi sento già un po' in ambasce pensando che non sarà facile decidere quali visitare, ma Alberico giunge risolutivo a fugare ogni dubbio spiegandomi che di tutti questi monasteri ci sono rimaste, per lo più, solo immagini storiche, stampe o incisioni. A essersi conservata meglio – e che interpreta i principi introdotti nell'architettura da Bernardo –, è Fontenay, costruita tra il 1139 e il 1147, l'abbazia «figlia» di Clairvaux. So che ha un grande parco di due ettari, trasformato, a fine anni novanta, in un giardino paesaggistico dall'architetto Peter Holmes. Con piante secolari e un trionfo di rose, viburni e ortensie.

Ed è lì che andremo.

IL SOFFIO DEI TEMPI NUOVI

Spesso dimentichiamo che, a partire dall'anno Mille, il Medioevo imbocca un periodo di crescita economica, demografica e culturale senza precedenti. Basti pensare soltanto al fatto che tra il X e il XIII secolo la popolazione in Europa triplica. E viene da chiedersi come si concili questa spinta propulsiva con la nuova etica dei cistercensi.

C'è chi afferma che anche loro abbiano finito per seguire il «soffio dei tempi nuovi», scivolando lentamente verso lo stile di vita che i fondatori dell'ordine avevano prescritto di rifuggire: quello dei ricchi signori. Con una nuova idea del lavoro (ricorrono infatti al lavoro salariato) e un diverso approccio al denaro (quel che si produce si vende, e il ricavato si usa). I risultati economici non tardano ad arrivare e le abbazie si moltiplicano, sbocciando a un ritmo impressionante. E non le abitano certo dei religiosi salmodianti, ma individui *tosti*, che con talento e personalità sono riusciti a piegare un contesto sociale difficile. C'è chi scorge in questi uomini che hanno aperto gli spazi della radura, strappato appezzamenti di terra fertile alle paludi e preparato la terra ai frutti delle stagioni, quello spirito di cavalleria e di avventura che aveva reso possibile Cîteaux.

Credo che la meraviglia abiti ora il mio sguardo, perché Alberico ne ride e la alimenta.

Racconta che nell'anno Mille, con la fine della grande paura della fine dei tempi, il mondo si è sentito come liberato e, come qualcuno ha detto, si è vestito di «un manto bianco di chiese». A tutto questo i monaci aggiungono un'originale maestria nella conduzione dei beni fondiari, con un reticolo di aziende agricole periferiche, affidate per lo più ai conversi. Queste aziende, le grange, sono «architetture per il lavoro» che, in omaggio alla filosofia di Bernardo, ubbidiscono a principi di funzionalità e fanno parte del gruppo degli insediamenti che circondano l'abbazia. Assieme alle reti stradali e irrigue, al complesso dei poderi e alle strutture per la produzione agricola, le grange realizzano un vero e proprio cambiamento del volto del territorio. E c'è chi ha giustamente osservato che la scelta dei monaci di separarsi dal mondo (*fuga a saeculo*) ci consegna in realtà, con le abbazie, un modello di città compiuta che presto risulterà imitabile dalla società urbana.

Il successo finanziario dell'ordine moltiplica cantieri ed edifici conventuali che nella seconda metà del XII secolo saranno oggetto di abbellimenti e ampliamenti. Ecco che le vetrate delle chiese si fanno colorate e le pavimentazioni conoscono materiali più nobili. Gli edifici guadagnano verticalità e preparano la fioritura dell'arte e l'architettura delle cattedrali nel XIII secolo.

Dei cistercensi avevo letto che sono stati i missionari del gotico. E Alberico mi aiuta a ricostruire questa missione. Dopo una prima fase, in cui si fissano e consolidano i principi architettonici che guidavano l'ordine, verso il 1200 si apre un nuovo periodo di sperimentazione.

Nel 1100 il romanico aveva raggiunto la maturità ma, a partire dalla seconda metà del secolo, con l'arco ogivale, i cistercensi avevano avviato la transizione verso il gotico, conciliando le esigenze della costruzione in pietra – per limitare il rischio di incendi – con un edificio alto e luminoso, in linea con la loro spiritualità, e contenendo il costo dei cantieri.

La scelta di sostituire la pietra al legno apre la strada al vigoroso sviluppo dell'uso di volte in pietra per coprire gli edifici religiosi. Quest'ultima invenzione è paragonabile a quella della ruota per il trasporto di persone e merci, e a quella della carrucola per trasmettere forze in direzioni diverse o per moltiplicarle. L'arco di pietra permette di coprire uno spazio distribuendo lungo una curva piccole pietre che in virtù dell'opposizione l'una all'altra si mantengono in equilibrio. E il suo principio di base – sottoporre le pietre solo a forze di pressione – è stato il fondamento di tutte le tecniche di costruzione di volte che sarebbero state utilizzate nell'architettura medievale e non solo: volte a botte, cupole, volte a crociera e a ogiva.

L'arco costolato consentiva di rispondere a questa sfida: limitando il ricorso alla pietra e conseguentemente i costi della volta romanica e aumentandone però l'altezza. Alcuni sostengono che la classificazione romanico-gotico si fondi sul salto tecnologico compiuto dall'arco a sesto acuto (o ogivale) e dalla volta a sesto acuto. Ma gli esperti la considerano una lettura semplicistica, che non terrebbe conto di un'evoluzione tecnologica frutto di un continuo progresso e miglioramento.

Alla base delle diverse innovazioni, spiega Alberico, vi era l'idea di determinare leggi modulari che permettessero la massima concentrazione dell'energia portante, semplificando e riducendo al minimo lo sforzo statico e dunque la difficoltà e il costo della struttura. Ottocento anni dopo, quelle leggi modulari avrebbero ispirato Walter Gropius e il movimento Bauhaus. (E chissà che non sia stato proprio da qui, dall'architettura, che ho cominciato a pensare al mondo delle abbazie come a un passato che parla al futuro.)

MISSIONARI DEL GOTICO

Confesso di annoiarmi un poco di fronte ai tecnicismi di Alberico e credo che lui se ne sia accorto, perché, come a volersi giustificare, ammette di aver sempre provato un forte interesse a ripercorrere il cammino delle innovazioni architettoniche. Lo incuriosisce in particolare il diversificarsi della costruzione dello spazio di accoglienza dei fedeli, capace, nelle chiese, di riflettere i mutamenti della sensibilità religiosa. Basti pensare, ad esempio, a come la basilica civile romana abbia ispirato, con la sua navata centrale, quelle laterali e l'abside emisferica, i primi fedeli di un cristianesimo ormai legittimato (il transetto verrà aggiunto in seguito per migliorare la funzionalità dell'edificio e simboleggiare la croce, emblematica del cristianesimo). Tornando al gotico: per costruire «più grande e più alto» bisognava costruire «più leggero», e per farlo era necessario innovare. L'evoluzione dal romanico al gotico segna una rottura nel modo di concepire l'equilibrio dell'edificio.

Immagino che tutta questa creatività avrà chiamato necessariamente in causa esperienze e saperi di nuove figure professionali. E in effetti Alberico annovera tra i protagonisti che animano i secoli XI e XII quella del capomastro, che non era un architetto in senso stretto. Venendo dal cantiere era uomo di comando, che sapeva guidare una squadra. Conosceva il mercato dei diversi materiali e possedeva competenze tecniche. Certamente, nel processo erano coinvolti molti altri specialisti (scalpellini, carpentieri, muratori, manovali, affreschisti).

Fino a che non si diffuse la carta, nel XIV secolo, le tecniche si tramandavano per via orale. I piani e i disegni necessari per queste costruzioni venivano tracciati su pergamena ma, a causa del suo costo e della sua rarità, la si grattava per poterla riutilizzare. Quanto alla qualità dei materiali a disposizione, dipendeva dalla ricchezza del sito della costruzione, dalla posizione geografica e dalla lontananza dalle risorse. Il cantiere iniziava con le operazioni di drenaggio, rinterro, opere idrauliche e via dicendo, che servivano a preparare il terreno e a predisporre la superficie di lavoro (aree di stoccaggio, edifici accessori e quant'altro). Poi la pianta dell'edificio veniva tracciata direttamente a terra.

Davanti alla mia incredulità, Alberico si premura di

spiegarmi che nell'XI secolo non esisteva una planimetria cartacea.

I lavori venivano interrotti durante il periodo invernale e i muri coperti con paglia o letame.

Di quegli edifici non conserviamo alcuna traccia scritta: solo la pietra parla. Il taccuino di Villard de Honnecourt, conservato dalla Biblioteca nazionale di Francia, è una delle pochissime testimonianze sullo stato delle conoscenze dell'epoca. Villard era un architetto del XIII secolo, e che il suo taccuino su cui annotava schizzi, progetti e disegni architettonici sia arrivato fino a noi è qualcosa di prodigioso.

Se fino a questo momento abbiamo parlato per lo più di abbazie cistercensi borgognone, non dobbiamo però dimenticare le fondazioni in Italia (a opera di Clairvaux, ad esempio, sulla scia dei viaggi di San Bernardo nel nostro Paese), che sono diventate a propria volta case madri di altre fondazioni realizzate in tutta la penisola, sebbene con una maggiore concentrazione nel Settentrione. In effetti il nucleo delle prime abbazie si manifesta appunto al Nord, a cominciare da quella di Tiglieto, nata nel 1120 sull'Appennino ligure, mentre quelle dell'Italia centrale e meridionale sono successive. Nel Lazio, in particolare, i grandi cantieri di Fossanova e di Casamari segnano i maggiori progressi dell'ordine nel XIII secolo.

Originariamente in legno – siamo ancora in area lombarda – i monasteri di qui vengono costruiti in mattoni, il materiale in uso secondo la tradizione padana. Non ci sono infatti cave di pietra nelle vicinanze e il mattone (un impasto di argilla, acqua e materiale inerte, cotto in fornace) è l'unica risorsa a disposizione dei monaci, con in più i vantaggi della facilità di produzione e di posa. Non solo: interpreta la scelta di povertà dei monaci. Avete presente Morimondo? Il suo colore rosso è dovuto all'argilla di fiume, più ricca di ferro.

Ma non è questa l'unica particolarità tecnica di cui Morimondo è un utile esempio. Pare infatti che questa abbazia abbia un'acustica straordinaria grazie alla struttura che si rivela una vera e propria cassa di risonanza. Il risultato probabilmente si deve all'uso di vasi acustici in ceramica, racchiusi nelle mura dell'edificio: una sola voce può riempire la volta. Non a caso si dice che «la pietra canta». Anche di questo per certo Bernardo si interessava, ad esempio, quando diceva che per vedere Dio bisognava prima ascoltarlo. Da qui l'importanza riservata dall'architettura cistercense all'acustica: una quarta, invisibile, dimensione, un'arte non figurativa, che insegna a ordinare innanzitutto lo spazio in vista di un migliore ascolto della parola. Le abbazie hanno il compito di farla risuonare, anche attraverso il canto. Del resto solo un'architettura dall'acustica perfetta poteva far risuonare l'eco della parola durante la festa della liturgia, amplificando il canto salmodico dei monaci prorompente dal silenzio interiore che è il luogo privilegiato, già nella Regola benedettina, per l'ascolto. E forse ha ragione Goethe quando paragona l'architettura a un'arte silenziosa del suono (*verstummte Tonkunst*), a una musica silenziosa (*stumme Musik*). Ne parlerà anche come di una musica congelata (*gefrorene Musik*) e pietrificata (*erstarrte Musik*).

Ricordo ad Alberico che la casa madre di Morimondo è la *sua* Chiaravalle Milanese (1135), che è anche la mia preferita, e che assieme a Chiaravalle della Colomba (1136), nella diocesi di Piacenza, ha dato origine ad altre numerose fondazioni in tutta la penisola. Una bella congiuntura le vede all'incrocio dell'acqua e del cibo e per questo inserite nel nostro percorso. Lì dirigiamo i nostri passi. Siamo sempre in cammino.

4.
Ingegneri dell'acqua e del cibo

IL MULINO DI CHIARAVALLE MILANESE

Per il monachesimo l'acqua è una *poesia* diversa. Se da un lato conserva il simbolismo di vita, rigenerazione e purificazione, dall'altro, nella quotidianità significa prima di tutto energia. Decisivo è l'impiego della ruota idraulica, introdotta in Italia centrale nel X secolo, la cui diffusione fu favorita dalla canalizzazione dei torrenti montani, fondamentali per far funzionare macine, frantoi, mantici, magli per lavorare il ferro e gualchiere per la produzione dei panni di lana e della carta. A tal proposito, ad esempio, si deve sempre ai benedettini il merito del successo di Fabriano nella produzione cartiera nel XIII secolo.

Per comprendere meglio l'importanza dell'acqua nei monasteri cistercensi può essere d'aiuto un testo, eccezionale per il Medioevo: la *Descriptio positionis seu situationis monasterii claraevallensis*, redatto nell'abbazia di Clairvaux nel XII secolo. Secondo alcuni sarebbe stato ispirato dallo stesso Bernardo. L'acqua, del resto, come già visto nel capitolo 66 della Regola, appare – assieme al mulino, suo inseparabile complemento – come l'elemento fondante della vita e dell'economia monastica.

Alberico mi spiega che per secoli i mulini ad acqua hanno trasformato l'energia idraulica in energia meccanica, macinando le granaglie e azionando altre macchine. E i cistercensi hanno il merito di aver meccanizzato sistematicamente tutte le attività che potevano utilizzare l'energia idraulica. Mi parla del mulino di casa sua, a Chiaravalle Milanese, un complesso medievale a pianta rettangolare, su due piani, con un tetto a due falde in coppi, ora meta di visitatori, che offre l'occasione di formare i giovani e i meno giovani sui temi dell'economia sostenibile.

«Inizialmente i mulini dei cistercensi avrebbero dovuto essere utilizzati solo "dai monaci e per i monaci", sfruttando la manodopera a noi fornita dai fratelli conversi: la Regola ne vietava infatti esplicitamente la concessione in uso o la gestione a terzi. Ma nel corso del XIII secolo, quando la maggior parte delle terre dei nostri monasteri venne ceduta in affitto a famiglie di contadini, i nuovi affittuari divennero i clienti principali dei mulini delle abbazie e la macinazione si trasformò così in vera e propria operazione commerciale, sempre più rivolta verso l'esterno. Ed è indubbio che l'impiego dell'energia idraulica abbia giocato un ruolo importantissimo nella trasformazione dell'economia medievale. Secondo molti autori, i secoli XI, XII e XIII hanno creato, assai più che le scoperte del Rinascimento, una tecnologia sulla quale la rivoluzione industriale del Settecento ha potuto innestarsi e prendere slancio.»

Alberico si ferma un istante per raccogliere le idee. «Tra il XII e la fine del XIII secolo, proprio in concomitanza con una crescita dell'economia e un sensibile incremento demografico, si registra una tale espansione degli impianti idraulici in tutta Europa da segnare la storia economica del Medioevo. Quasi tutti i mulini, nuova e redditizia fonte di guadagno, sono nelle mani di grandi proprietari terrieri e soprattutto di comunità monastiche.»

«E in un'epoca in cui farina e pane costituivano il fondamento dell'alimentazione contadina, il possesso dei mulini rende padroni del corso del grano» commento io.

Alberico annuisce e prosegue dicendo che per installare queste macchine bisognava possedere i diritti sulle acque, disporre di manodopera e di ingenti risorse economiche da investire. Ma era anche necessaria una certa padronanza di questa come di altre innovazioni tecnologiche destinate a generare un indotto di officine e centri specializzati nella lavorazione dei metalli necessari a produrre i meccanismi e gli ingranaggi in ferro.

Mi spiega che nella costruzione di un impianto era indispensabile considerare diversi fattori: l'ubicazione e l'accessibilità (che ne determinano il buon funzionamento), i costi di realizzazione e non ultimo il rendimento economico. Il regime idrico e le condizioni idrogeologiche del territorio, pure molto importanti, ne caratterizzavano la funzionalità e, nel caso di portate d'acqua molto variabili, limitavano gli impianti a un utilizzo solo stagionale.

Il tipo più semplice di mulino è quello a ruota orizzontale, che ha il vantaggio della semplicità: facile e poco costoso da costruire e da mantenere, dotato di una sola pala. La ruota orizzontale si adatta facilmente a portate variabili e può essere installata in piccoli impianti lungo i torrenti. La ruota, che muove direttamente una sola coppia di macine, è situata all'interno del mulino, in un vano seminterrato che presenta due aperture in diretta comunicazione con l'esterno: la prima per l'entrata dell'acqua, la seconda per la fuoriuscita.

Un secondo tipo di mulino è quello verticale, detto anche «vitruviano», un sistema in uso per lo più in pianura che ha nell'ingranaggio il suo elemento principale. La ruota motrice esterna, a pale o a cucchiai, è montata su un asse orizzontale che penetra sotto il mulino. Su un lato della grossa ruota centrale vi sono dei perni che ingranano su una lanterna e mettono in moto le macine poste al piano superiore, dove è situata tutta la strumentazione che comanda la messa in opera del mulino. L'acqua è il suo motore e proviene in quantità limitata da un canale di derivazione. Chiaravalle Milanese sfruttava proprio questa tecnologia. Una volta azionato il mulino dalla corrente di un canale agricolo della Vettabbia, il grano veniva messo nella tramoggia, da cui scendeva tra due macine orizzontali. Si otteneva così la farina che, convogliata in una grossa madia, veniva passata in un fine setaccio e separata dalle ultime impurità, per poi giungere al termine del processo, pronta all'uso.

Lo sviluppo delle tecnologie idrauliche promosse la costruzione di una serie di strutture accessorie: dighe, gore di derivazione e canali. Infatti, per un migliore controllo, nessun mulino era azionato direttamente dal fiume o dal torrente. Spesso, come nel caso di Chiaravalle Milanese, l'acqua del fiume veniva deviata in un canale, parallelo al corso d'acqua, che riforniva i bacini di riserva e serviva sia a isolare le ruote dalle variazioni stagionali del livello dei fiumi, sia a evitare di ostruire l'alveo con strutture ingombranti in caso di piena. Altri esempi di questo tipo di tecnologia sono il mulino della Cascina fiorentina presso l'abbazia di Morimondo e quello di Fontenay, tra i meglio conservati e più versatili perché dotato anche di un martello idraulico. Questi esempi ci confermano come i monaci siano stati capaci di innovare la lavorazione di materiali e prodotti. Un'incessante spinta a migliorare e migliorarsi abita dunque le menti e i cuori delle comunità che animano questa fase, originale e travolgente, del monachesimo e getta una luce sempre più potente, chiara e diversa sull'immagine e i contorni del Medioevo. Un racconto e una storia che ancora conosciamo troppo poco.

RISORGIVE, FONTANILI, MARCITE. LATTE, SALE, CAGLIO

«È stata la lunga e faticosa bonifica di questo terreno, argilloso, con risorgive, fontanili e all'epoca paludoso, a trasformarlo in marcita, regalandoci nuovi prati e coltivi e più cibo per gli animali.»

Mentre racconta, Alberico indovina forse un accenno di perplessità nel mio sguardo perché subito si affretta ad aggiungere a quanto già visto qualcuna delle sue dotte illustrazioni.

Vengo quindi a sapere che un'antica pratica agreste consisteva nel far marcire sui prati irrigui, durante il periodo invernale, l'ultimo taglio del fieno annuale, quello di settembre-ottobre, per arricchirlo di sostanza organica. In questo modo si sarebbe ottenuta una crescita anticipata dell'erba in un terreno scelto dai confratelli perché leggermente in pendenza e capace così di accogliere il defluire dell'acqua da un canale vicino disposto a mo' di confine, che Alberico mi fa notare e che «possiamo scorgere lungo quel lato del terreno». Così irrigata, l'erba poteva crescere in quantità e con frequenze ben maggiori di quelle che poteva garantire la sola acqua piovana, e in tal modo la produzione di foraggio raddoppiava. Quest'acqua di risorgiva – come vengono dette le acque che, grazie a un terreno molto permeabile e attraverso dei canali idrografici sotterranei, scompaiono infiltrandosi nel terreno per poi riaffiorare in superficie – ha una temperatura costante, tra i sei e i dodici gradi, fondamentale perché si abbia erba e foraggio sia durante il periodo d'aridità estiva che d'inverno con la neve.

Gli faccio notare che i cistercensi sono stati pure un po' ingegneri, ma Alberico pratica la modestia e prosegue, schermendosi. «Il loro lavoro consisteva nel creare una serie di canali artificiali, sbarrati da paratoie di legno che fanno straripare l'acqua in modo da irrigare gli appezzamenti con un flusso omogeneo, indispensabile per la sopravvivenza della marcita che altrimenti ritornerebbe una palude. Adesso sono possibili fino a dieci tagli di foraggio, contro i quattro o cinque ottenuti dalla coltivazione del migliore prato stabile. Anche la qualità dell'erba risulta migliore perché l'acqua proveniente dalle rogge e dai fontanili è più ricca e fornisce un apporto organico decisamente superiore a quello dell'acqua piovana.»

I campanacci delle mucche intente a brucare l'erba riempiono il silenzio della piana. Suonano come una nuova promessa e addirittura un conforto per un inverno che la marcita annuncia privo di tribolazioni.

Anche così le abbazie hanno saputo sviluppare un'agricoltura moderna, insegnando agli abitanti dei villaggi tecniche per bonificare i terreni o aumentarne la fertilità, come la rotazione triennale, l'utilizzo dell'aratro pesante e della falce fienaia. Ma le innovazioni introdotte dai monaci investono anche la società, aprendo nuovi mercati e riformando quelli che oggi chiameremmo i rapporti di lavoro.

Facciamo qualche esempio. A Fonte Avellana, nelle Marche, sant'Albertino promuove l'affitto dei terreni in lavoreccio (una forma contrattuale che precede la comparsa della mezzadria), liberando i contadini dalle corvè della servitù della gleba imposte dai signori feudali locali di origine longobarda e sviluppando una forma di mezzadria già dal XIII secolo.

Clairvaux, nel 1121, apre una grangia dedicata all'allevamento di pecore e montoni. Oltre mille i capi che inaugurano il mercato della lana: destinazione Firenze e le Fiandre.

In Italia i benedettini promuovono l'allevamento della pastorizia transumante, basti pensare che, nel 1325, l'abbazia di San Biagio in Caprile presso Fabriano possiede circa seicento pecore di qualità «carsagna» che annualmente si spostano verso L'Aquila. Inoltre si incentiva l'impiego di tecniche di coltivazione riscoperte grazie al salvataggio delle conoscenze agronomiche romane custodite nei testi classici (come il *De re rustica* di Terenzio Varrone).

Alberico mi fa notare che la fame era sempre in agguato, perché la Regola aveva insegnato ai monaci solo a tenerla lontana, non certo a debellarla. Mentre mi parla, accoglie nel cavo della mano destra il muso umido e festoso di Bardo, il bianco maremmano capace di tener testa al toro e di vegliare sulla mandria dei bovini che conoscono con le marcite una nuova abbondanza. «Più erba mangiano le vacche, e più latte danno» commenta Alberico.

E, per tornare ai nostri monaci medievali, tutto quel ben di Dio di eccedenze doveva essere consumato entro il giorno di mungitura o, se trasformato in formaggi freschi, poco più in là. I monaci, però, non potevano certo permettersi di sprecare uno degli alimenti più nutrienti della loro dieta e hanno dovuto ingegnarsi per riuscire a conservarlo a lungo. «Ed è così che è nato il grana» conclude allegro il frate.

Ascolto con attenzione sue parole, poi, quasi tra me e me, ragiono: «Ho sentito parlare di quest'idea di cuocere a lungo il latte, ma soprattutto di aggiungervi il caglio. E soltanto poi di sottoporlo a salatura. Ma il caglio da dove salta fuori?».

Subito Alberico mi racconta una leggenda, secondo cui un pastore arabo trasportando nel deserto del latte in una bisaccia ricavata dallo stomaco di una pecora si sarebbe accorto che questo si era solidificato, divenendo caglio. Una trasformazione forse causata dagli enzimi ancora attivi nello stomaco della pecora o dalle alte temperature. Ma c'è chi pensa si tratti di una storia nemmeno troppo campata in aria. Infatti le testimonianze di un'attività agricola e pastorale in Mesopotamia risalgono addirittura a qualche millennio prima della nascita di Cristo. Tornando al grana, ne vien fuori un formaggio a pasta dura, che acquista sempre più sapore con la stagionatura.

Scopro da Alberico che le caldaie dei monasteri diventeranno i primi veri e propri caseifici che vedono emergere nuove figure, quelle dei casari, esperti appunto nell'arte della produzione di questo formaggio che per la sua lunga stagionatura i monaci chiamano «*caseus vetus*» ovvero formaggio vecchio.

La gente di campagna lo chiamerà invece «grana» per quella sua pasta compatta punteggiata di granelli bianchi, che non sono altro che piccoli cristalli di calcio residui del latte trasformato.

E dunque, credo di poter dire che i monaci non siano soltanto ingegneri dell'acqua, anche del cibo...

Non dobbiamo infine dimenticare il grande sviluppo che l'agricoltura cerealicola conosce in conseguenza del cosiddetto «periodo caldo medievale», almeno limitatamente al Nord Atlantico, dal IX al XIV secolo. Basti pensare che l'olivo e la vite erano coltivati in tutta Europa fino al Nord dell'Inghilterra e che con la remissione dei ghiacciai i vichinghi hanno colonizzato la Groenlandia.

Il modello agricolo, come abbiamo visto, è diventato l'impianto strutturale della vita quotidiana nei monasteri benedettini, veri e propri artefici di un lavoro incessante di bonifica e di mantenimento dei territori di tutta Europa.

Ecco che mi viene in mente allora la parola «pane». Alberico scova un bellissimo passo di Agostino che dice: «Questo pane racconta la vostra storia. È spuntato come grano nei campi. La terra l'ha fatto nascere, la pioggia l'ha nutrito e l'ha fatto maturare in spiga. Il lavoro dell'uomo l'ha portato sull'aia, l'ha battuto, ventilato, riposto nel granaio e portato al mulino. L'ha macinato, impastato e cotto in forno. Ricordatevi che questa è anche la vostra storia. [...] Siete stati impastati e siete diventati un'unica pasta»*.

* Sancti Aurelii Augustini Hipponensis episcopi, *Sermones inediti*, Sermo VI: *Item de Sacramento altaris ad infantes*, in *Patrologia latina*, XLVI, col. 835.

La facciata in mattoni con la copertura a salienti ha un avamportico trecentesco e un armonioso rosone. L'interno di Chiaravalle della Colomba ha un impianto romanico a tre navate che suggerisce una prima transizione verso il gotico. Le dimensioni sono piuttosto imponenti: sessantacinque metri di lunghezza, venti di larghezza e oltre venti di altezza. Ha slancio e vola verso l'alto proprio come la colomba che le dà il nome, perché la leggenda vuole che una colomba bianca ne abbia indicato ai monaci, con delle pagliuzze, il perimetro. E con lei continuerà in Italia la straordinaria mappatura europea di questo monachesimo riformato.

Fondata da Bernardo a partire dal 1136, appena due anni dopo la Chiaravalle Milanese, la struttura segue il classico schema benedettino, con le costruzioni disposte attorno al quadrato del chiostro trecentesco, vero e proprio gioiello dell'abbazia.

Chiaravalle della Colomba è inserita nei due itinerari culturali del Consiglio d'Europa: la via Francigena (da sempre luogo di sosta fisico e spirituale per i pellegrini diretti a Roma e Oltremare) e la Route Européenne des Abbayes Cisterciennes.

Non appena potrò, parteciperò anch'io, in occasione della festa del Corpus Domini, all'infiorata, quando tutta la navata centrale dell'abbazia viene coperta da un meraviglioso tappeto fiorito.

Per me che ho sperimentato l'impegno di Expo Milano 2015, *Nutrire il pianeta. Energia per la vita*, prima di tutto l'appuntamento di Chiaravalle rinnova la promessa del diritto al cibo. E di quel cibo presente in ogni mensa e che ognuno conosce: il pane.

Nel Medioevo l'alimentazione di ricchi e poveri è ovviamente diversa, ma a fare la differenza è soprattutto la quantità. E se cambia, avviene per effetto di diverse condizioni, innanzitutto climatiche: nel Nord Europa ci si affida alla carne, nell'area mediterranea ai cereali; regimi alimentari che restano sostanzialmente immutati fino a quando vengono gradualmente introdotti i cibi provenienti dall'America: le patate, i pomodori e il mais.

Ma la vera divisione tra mense dei ricchi e dei poveri emerge in epoca carolingia, quando i disboscamenti realizzati per aumentare le aree agricole riducono le superfici forestali e i boschi cominciano a essere proprietà riservata. La selvaggina (cervi, cinghiali e così via) diviene quindi un'esclusiva delle mense dei signori, mentre i contadini dispongono solo degli animali da cortile. Nel Rinascimento infine la divisione si accentua con l'affermarsi di una cucina sempre più elaborata e raffinata, inaccessibile agli indigenti.

Carola Ricci, docente di Diritto internazionale, Diritto dell'Unione Europea e Diritti umani all'Università di Pavia, nel corso del nostro incontro ci aiuta a definire meglio di cosa parliamo quando parliamo di pane, di «diritto al cibo». E specifica che innanzitutto dobbiamo aggiungere un aggettivo: *adeguato*. Ma chi definisce, chi misura questa adeguatezza?

«Almeno fino agli anni settanta del secolo scorso, ci si riferiva eminentemente a un diritto alla salute e alla sussistenza: il cibo era adeguato se in quantità necessaria e se accessibile, disponibile (la lingua inglese riassume questo concetto nell'espressione *food security*). Ma cibo vuol dire anche qualità (per gli inglesi, ancora una volta, *food safety*).

«Questi due aspetti sono sempre stati considerati come contrapposti, fino a quando, con il World Food Summit del 1996, finalmente ci si è resi conto che le due componenti non possono essere scisse e che si può parlare di sicurezza alimentare o diritto al cibo solo quando ogni individuo ha accesso fisico, sociale ed economico a un cibo che sia sicuro, cioè consumato in quantità ma anche qualità sufficienti a mantenere uno stile di vita sano e attivo. Anche perché il paradosso che registriamo oggi è dato dalla coesistenza di enormi masse di popolazione mondiale non solo denutrite ma anche sovrappeso, obese, in conseguenza di un'alimentazione di bassa qualità.

«E anche laddove il cibo è da considerarsi *sicuro* in termini di caratteristiche organolettiche, può non essere qualitativamente adeguato riguardo ad altri aspetti che ineriscono l'individuo, considerato nella sua complessità. È avvenuto e avviene, ad esempio, sempre più riguardo ai precetti religiosi.»

Ma non solo. Dal punto di vista dell'impronta ambientale delle diete, sempre in tema di sostenibilità, diventa necessario analizzare il legame tra quello che si mangia, il modo di produrlo e le ricadute sull'ambiente, con particolare riferimento al consumo di acqua.*

Per chiarire questo aspetto, Lucrezia Lamastra, docente di Chimica presso la sede dell'Università Cattolica di Pia-

* L'impronta ambientale, più in generale, è uno strumento che calcola quanto rapidamente vengono consumate le risorse ecologiche e generati i rifiuti, in relazione alla capacità della natura di assorbirli (in particolare le emissioni di carbonio) e di creare nuove risorse utili: una metrica utilizzata, dunque, per determinare, nel nostro caso, il livello di sostenibilità di un determinato prodotto.

cenza, fa notare come tra i tanti valori del cibo vadano annoverati anche i riferimenti a due tipi di impronte: «Quella carbonica e quella idrica (l'agricoltura è sicuramente il settore che consuma più acqua). Tendenzialmente, quando si parla di impatto ambientale, si parla solo della prima, ma va tenuto presente anche l'altro indicatore. Perché la sfida è sì di rendere accessibile economicamente, giusta e conveniente una dieta che faccia bene alla salute, ma anche all'ambiente. E dunque quali sono quegli alimenti o quali sono quelle fasi nel ciclo di vita che contribuiscono di più alla produzione di un impatto ambientale?

«Il cibo non è solamente quello che compriamo al supermercato. È anche tutto quello che c'è dietro (trasporti, packaging e via dicendo) e quello che c'è dopo. Vale a dire anche come lo prepariamo e se lo consumiamo in modo opportuno. È il tema dello spreco di cibo.

«Un prodotto dunque non è sostenibile di per sé; è sostenibile in funzione del suo confezionamento, della modalità di uso a casa e della provenienza, che è più importante per l'acqua che per la CO_2. Noi possiamo ad esempio scegliere di comprare un determinato prodotto perché viene da lontano, non solo in ragione della distanza, ma anche delle condizioni in cui versa il Paese di origine, che potrebbe essere, ad esempio, povero d'acqua.»

TRATTARE BENE IL CIBO

Il cibo si presta a mille interpretazioni ed è generatore di potenti metafore.

Pensiamo solo al «cibo della mente». Francesca Rigotti,

filosofa e saggista, è autrice di *La filosofia in cucina. Piccola critica della ragion culinaria* e del *Manifesto del cibo liscio*, dove però non tratta di cibo, ma delle metafore costruite intorno a esso, ossia di come i filosofi parlano di «impastare il pensiero», quasi fosse roba da mangiare (pensiamo ad esempio ad «avere sete di sapere», «avere fame di cultura»). E di questo passo vien da dire che pensare è come «cucinare il pensiero».

Non senza una punta di ironia, Rigotti precisa: «Parlo di mente, perché io con l'anima ho qualche difficoltà. E poi, forse, l'anima non ce l'ho nemmeno, essendo una donna e non so bene quale Concilio abbia finito per ammettere che sì, forse anche le donne avevano un'anima...»

La riflessione sul cibo, che vede dialogare Francesca Rigotti e monsignor Franco Maria Giuseppe Agnesi, vescovo ausiliare di Milano, si preannuncia scoppiettante e ricca di stimoli.

«Se qualcuno dubitasse che le donne hanno un'anima» interviene infatti monsignor Agnesi, «mi pare che siamo stati tranquillizzati immediatamente dalla vivacità della professoressa...»

«Ci chiediamo» riprende Rigotti «se esista un cibo universale o, detto filosoficamente, un universale che abbia forma, sostanza, struttura di cibo: il cibo per eccellenza, il cibo per antonomasia. Quando nell'*Odissea*, al canto IX, Ulisse incontra Polifemo, lo descrive come un mostro gigante che non somiglia a un "mangiatore di pane", cioè a un uomo. Quando poi, nella *Repubblica* di Platone, Socrate illustra le condizioni in cui vivranno i cittadini della città ideale, dice: "Per nutrirsi avranno farine d'orzo di frumento, le cuoceranno nei forni o ne faranno pasta. Ed ecco, pani e splendide focacce; distesi sul giaciglio se ne ciberanno insieme con i figli, annaffiando il tutto col buon vino, e così vivranno felici". Ma Socrate viene interrotto da Glaucone che gli chiede: "Fai banchettare i tuoi uomini con il solo pane, senza companatico?". *Àneu opson*, senza *opson*, cioè senza ciò che accompagna il pane: latte, verdura, legumi, pesce, uova, carne. Socrate pazientemente risponde: "Sì, sì, ci saranno anche sale, olive, formaggio, cipolle, fichi, ceci, bacche». Ma Glaucone definisce questa la dieta di "uno stato di porci" e "per uno stato di uomini" propone cibi raffinati e opulenti, in particolare la carne. Al di là di questo cambiamento nella dieta, è interessante constatare che persino Glaucone propone qualcosa che accompagni e dia sapore e sostanza al pane, il companatico. Ma il pane è previsto, è il cibo di base, il primo cibo. La stessa universalità del pane, per non fare gli eurocentrici ed essere politicamente scorrettissimi, vale per il riso delle popolazioni orientali, cibo di base per quell'area del mondo. E infatti la parola usata per indicare il riso nel cinese moderno è sinonimo di cibo, così come accade da noi per il pane.»

«Gesù aveva una cura particolare nei confronti del pane» interviene monsignor Agnesi, «aveva sempre cura che ci fosse. Il miracolo più raccontato dai Vangeli, quello appunto chiamato della moltiplicazione dei pani, presenta Gesù come colui che dà il pane. Ma ascoltando la professoressa non ho potuto non formulare una domanda: "Che rapporto aveva Gesù col cibo?". Moltissime parabole trattano di questo, di quanto Gesù stesse volentieri a tavola. Con gli sposi di Cana, con gli amici di Betania, persino con i cosiddetti "cattivi", i pubblicani, i peccatori, anche con il fariseo Simone, un po' sospettoso. E però Gesù aveva a che fare con la cucina? Così risulta dai Vangeli, perché non soltanto godeva della convivialità a tavola con gli affamati, ma si dimostra anche intenditore del processo di produzione, ad esempio quando racconta del seminato e del raccolto, su cui molte parabole si diffondono. E poi parla anche della senape, adatta per i condimenti, ma che poi, da piccolo grano, può diventare così grande. E ancora il sale per insaporire il cibo.»

Vi è un aspetto trascurato del linguaggio, che dice molto sul nostro modo di considerare il cibo: «Siamo abituati a trattare male il cibo. Persino nel linguaggio, nei ricettari, traspare una violenza incredibile» spiega Rigotti che, leggendone centinaia, ha messo insieme un'antologia che ha intitolato *Brutalità in cucina* (da *Manifesto del cibo liscio*).

«Rompete le uova, sbattetele con la forchetta, sbriciolate la mollica, scavate le mele, rovesciate il composto, tagliate la fettina, pestate le mandorle, fate bollire i fagioli a fuoco vivo, gettate le verze nella casseruola d'acqua bollente, scottate i pomodori e poi spellateli, fate rosolare a fuoco lento, tritate il prezzemolo, frustate i rossi d'uovo con lo zucchero... Sembra la camera di tortura dell'Inquisizione e invece sono semplicemente dei ricettari.

«Perché questo immaginario metaforico applica alla culinaria un linguaggio pregno di violenza, di brutalità? E se noi trattiamo così il cibo, come immaginare che il cibo tratti gentilmente noi? Avremmo bisogno di ingerire cibo genuino, non sofisticato, non adulterato.

«Il termine "sofisticato" viene dall'antica Grecia, dalla scuola filosofica dei sofisti, che erano gli avversari di Socrate, coloro che sostenevano di poter dire tutto e il contrario di tutto. Per loro la verità non esisteva, figurarsi la verità di Socrate. Il cibo sofisticato, invece, è un cibo adulterato, alterato. E il suo contrario è il cibo "genuino", parola a cui si lega un'etimologia meravigliosa, perché *genu* è il ginocchio. Questo termine, perciò, rievoca la pratica del padre o del nonno di sollevare il figliolo appena nato, ponendoselo sulle ginocchia e perciò riconoscendolo.

«È il cibo genuino che vogliamo, prodotto e distribuito con correttezza e onestà, ma anche, forse – come nel caso del bimbo – con un po' d'amore.»

Quello stesso amore che monsignor Agnesi non manca di mettere in rilievo nell'agire di Gesù laddove fa notare che il Maestro «guarda con occhio esperto, con cuore esperto, al gesto del cucinare. Probabilmente tante volte avrà visto sua madre con le mani in pasta. E ha cucinato. Nel Vangelo di Giovanni, nel capitolo 21, si dice proprio questo. Sul lago di Tiberiade, Gesù si avvicina a Pietro, Tommaso, Nataniele e pochi altri, appena reduci dalla pesca da cui sono tornati *a mani vuote*. Non lo riconoscono. Con l'ironia di cui il racconto evangelico di Giovanni è ricco dice loro: "Avete qualcosa da mangiare?". "Abbiamo pescato tutta la notte, non abbiamo preso niente" è la risposta. E Gesù rilancia: "Gettate ancora le reti". Ma quando i pescatori tornano, mostra "un fuoco di brace con del pesce sopra e del pane". E Gesù li incoraggia a portare un po' del pesce che hanno appena pescato, e dice loro di raggiungerlo per mangiare. Dunque stava cucinando.

«La maestria dell'evangelista fa inevitabilmente sorgere nel lettore delle domande: "Chi ha raccolto la legna? Chi ha acceso il fuoco? Chi ha procurato le materie prime, magari anche qualche ingrediente per cucinare bene, arrostire bene il pesce o il pane? Chi lo ha cucinato?" Gesù».

Ecco che l'immagine classica, certamente prevalente,

della moltiplicazione dei pani, sfuma. E qui monsignor Agnesi ci fa scoprire una dimensione affascinante, quella dell'amore per il cibo che Gesù è intento a preparare, dell'amore e dell'attenzione per coloro che ha invitato a mangiare, ai quali chiede di condividere appunto quel pasto: «Ecco, Gesù non si accontenta di alimentare e di nutrire, ma cucina. Questa è la novità di una bellissima pagina del Vangelo che parla di quel buon pastore che darà tutto a tutti, nello stesso tempo, nella stessa maniera. E mi domando se da questa immagine del Vangelo, che tante volte oltrepassiamo troppo velocemente, senza soffermarci su tanti aspetti, non ci provenga anche l'indicazione di uno stile con il quale andare incontro alle persone, condividerne il cammino, cercare per ciascuno quello che è giusto in quel momento, nelle proposte che facciamo, negli incontri che viviamo. E poi ho pensato: chi meglio dei monaci sa cosa significa mangiare insieme e gustare le cose belle?».

«Vi rivelo un segreto» ci dice infine frate Silvano Buttarazzi, priore di Chiaravalle della Colomba, «per svolgere il mandato di abate o priore di una comunità c'è un motto che dice: "Mangia e fai mangiare, riuscirai nella tua missione". Mangia bene, fai mangiare bene. È un grande successo.

«Nella Regola di san Benedetto tutto il monastero è sacro. Anzi, in alcuni, poco prima dell'ingresso, si trova la scritta "zona sacra". E quello che vi si svolge deve avere questa "tonalità". Forse abbiamo perduto questo senso del sacro e tutti i luoghi ci appaiono ormai uguali, intercambiabili, cosicché dappertutto si può fare quel che si vuole. Dobbiamo recuperarlo, anche nel prendere il cibo.

«San Benedetto ha inteso dare delle indicazioni precise su questo: i monaci si avvicendino a turno nel servizio della tavola, perché così si esercita la carità fraterna. E ci vogliamo bene perché ci aiutiamo nell'atto di preparare il cibo per gli altri, sottolineando così l'importanza dell'altro.»

Dunque cucinare per se stessi, certo, ma soprattutto per gli altri. Questo *fare comunità* impastando il pane perché venga poi diviso fra tutti coloro che della comunità sono parte è l'espressione più bella e significativa del messaggio che il dialogo a più voci maturato durante questa tappa ci ha consegnato, riconciliandoci con una dimensione del cibo non solo materiale ma spirituale. Un messaggio di adesione all'incontro con l'umanità, da un lato per aiutarla a nutrirsi, dall'altro per nutrire la capacità di stare insieme, sempre e comunque.

Alberico ci tiene a sottolineare che naturalmente il mondo agricolo delle abbazie non si è certo limitato al pane e al vino, e ritorna su Chiaravalle che ci ha dato occasione di sviscerare il contributo del monachesimo alla costruzione del *mondo della vita* quotidiana con le tecnologie e i saperi che hanno permesso di avanzare alla cultura e alle colture di un'epoca che scopriamo sempre più prodiga di meraviglie.

Molte sono infatti le ulteriori, piccole e grandi, conquiste agricole che il monachesimo ci ha fatto conoscere: dalle coltivazioni del castagno all'albero del pane, diffuso dai benedettini camaldolesi (importato come coltivazione in epoca romana dall'Anatolia occidentale), alle antiche varietà di mele domestiche selezionate in epoca romana con la pratica dell'innesto (insegnandone le tecniche alle popolazioni locali, che, in Italia, le propagano in tutto l'Appennino); a tutto questo fervore di conservazione e trasformazione partecipano in modo significativo la pesca e la piscicoltura.

Quasi tutte le abbazie posseggono un vivaio. Esperti di drenaggio e bonifica, i monaci beneficiano di bacini di riserva, canali e stagni allo scopo di allevare per lo più carpe, ma anche trote e lucci, sotto la direzione di un monaco incaricato. Lo fanno anche su scala commerciale, come nel caso dell'abbazia tedesca di Waldsassen, fondata nel 1133 nell'Alto Palatinato. Per tradizione considerata la centesima abbazia cistercense, Waldsassen aveva un allevamento di pesci fin dal XII secolo. Nel 1571 questa realtà contava oltre centocinquanta vivai. Raggiunti i tre anni, i pesci venivano venduti all'ingrosso nelle città vicine.

L'abbazia di Tintern, nel Galles, azionava sul fiume Wye tre chiuse per la pesca dei salmoni.

Le abbazie dell'Irlanda erano assai note per la vendita di anguille, salmoni e lucci. E Saint Mary, vicino a Dublino, possedeva una lunga zona costiera che dava ai monaci la possibilità di imporre e riscuotere tributi dai navigli che attraccavano nei loro porti.

La necessità di mangiare pesce almeno il venerdì, secondo la regola religiosa, fu una delle ragioni che promossero lo sviluppo dell'acquicoltura. Inoltre, l'uso intelligente dell'argilla del fiume e di altri materiali (il letto liscio e meno permeabile è più facile da pulire e meno complicato e faticoso da gestire) conferì ulteriore impulso alla pratica dell'allevamento.

Il complesso dell'alimentazione monastica è dunque tutto incentrato sul lavoro manuale della coltivazione della terra e dell'allevamento del bestiame. Come del resto prescrive la Regola: «Perciò ci è lecito possedere, per le nostre necessità, corsi d'acqua, boschi, vigne, terreni lontani dalle città, animali».

Alberico, che sempre mi soccorre e incuriosisce con il suo sapere, mi fa inoltre osservare che la vita monacale, tra le penitenze che imponeva, stabiliva il divieto di mangiare la carne, perché considerata «dal mondo» il migliore dei cibi, e indicava lunghi e numerosi periodi di digiuno, con un solo pasto da effettuarsi verso le tre-quattro del pomeriggio. Quanto alla dieta, era costituita da verdure, pane o biscotti, uova, frutta secca e pesce. Formaggio, burro e strutto erano ammessi, anche se di origine animale.

Nonostante ciò, le grandi tappe gastronomiche del Medioevo sono sì le metropoli religiose situate in quelle regioni già note e segnalate da greci e romani, ma anche i conventi e soprattutto le abbazie.

Anche a Firenze – con San Miniato e la Certosa – abbiamo portato a casa il meglio della ricchezza di incontri con abati e monaci e col loro impegno a costruire e diffondere filiere corte di cibo sano, stagionale, fresco e biologico, ad esempio per le mense scolastiche. Qui abbiamo celebrato la «mensa comunitaria» monastica che nasce e si rinnova organizzandosi e nutrendosi del cibo, frutto del lavoro manuale, e del cibo spirituale. E non poteva non soccorrermi una reminiscenza scolastica del *Convivio* di Dante: «Oh beati quelli pochi che seggono a quella mensa dove lo pane de li angeli si manuca! e miseri quelli che con le pecore hanno comune cibo». Firenze ha acceso in noi la scintilla della consapevolezza. Ho pensato infatti che nelle nostre società dove il mangiare è bisogno, desiderio e ossessione, non sarebbe male, per attraversare insieme la porta stretta della trasformazione equa e sostenibile dei sistemi alimentari, ricorrere anche ai beni preziosi che la città del Giglio interpreta nei secoli: cultura, spiritualità, educazione.

5.
Terra madre

PLANKSTETTEN, L'ABBAZIA VERDE

Assieme a Weingarten, Neresheim e Niederalteich – uno dei grandi complessi barocchi della Baviera –, Plankstetten si staglia sopra una collinetta, nei pressi delle cittadine di Berching e Beilngries.

Fondato nel 1129, più volte distrutto e ricostruito, il monastero accoglie oggi tredici monaci ed è diventato una sorta di «abbazia 2.0». Forse costituisce uno degli esempi più curiosi in Europa di come il monachesimo benedettino riveli ancora quella propensione a innovare che ha caratterizzato le sue grandi abbazie.

Oltre che un centro spirituale, è anche un importante e affermato esempio di agricoltura ecosostenibile. Da tempo, infatti, ha scelto di convertire le sue attività agricole alle buone pratiche bio e a una logica di produzione decisamente green rivolta a un ambiente circostante costituito dal Parco naturale dell'Altmühltal, che vanta più di ottocento chilometri di piste ciclabili e percorsi di trekking alla scoperta della storia antica. In questa zona si incontra un tratto della *Limes-Straße*, il confine settentrionale dell'Impero romano. Qui si può andare in cerca di fossili rari dell'era geologica del Giurassico, il tempo dell'*Archaeopteryx*, il piccolo dinosauro piumato.

Con le sue due torri dalle caratteristiche cupole a cipolla, «l'abbazia verde» di Plankstetten accoglie il pellegrino in un mondo a vocazione sostenibile. Centinaia di ettari di terreno coltivato, sessanta di boschivo, tre serre per ortaggi, una fattoria con trecento maiali, duecento mucche da carne, un'ottantina di pecore di razza Coburger Fuchs, capre e oche. Annovera inoltre un panificio, una macelleria, un'azienda agricola, un'apicoltura e una distilleria, a cui si aggiungono un grande emporio di prodotti biologici e un ristorante.

Siamo nella Franconia bavarese, circondati dai contrafforti del massiccio del Giura, un territorio che i monaci hanno convertito al biologico trent'anni fa, appena prima che Norimberga, neanche settanta chilometri da qui, divenisse sede di Biofach, la fiera di settore più celebre al mondo.

E a Plankstetten ho deciso, assieme a frate Alberico (siamo inseparabili ormai!), di invitare Chiara Montanari, ingegnera e prima donna italiana ad aver guidato una spedizione internazionale al Polo Sud. In questa regione verde, così differente e lontana dal bianco rigore che lei ha saputo sfidare, ci parlerà di *Antartide, tra cielo, ghiaccio e terra*, e metterà a confronto due approcci diversi a due forme, altrettanto diverse, del nostro cammino. Da una parte una terra amica, quella dei monaci, da convertire con lo stesso amore, io credo, con cui loro seppero approcciare i mondi del paganesimo; poi quella di Chiara, una *terra altra*, ancora «nemica», da esplorare e poi trasformare rispettosamente, io spero, in «amica». Due terre distinte e distanti, ma anche percorse, io penso, da due forme diverse dello stesso coraggio e indirizzate verso un unico destino. Di conoscenza e di amicizia con la natura e il suo vivente.

Con un approccio olistico al verde che abbraccia l'abbazia, i monaci si sono votati, dapprima contro l'opinione dei più (qui la sfida), a promuovere una sorta di *risorgimento* di una terra e di boschi che sembravano irrimediabilmente malati. Un risorgimento che ora invita camminatori e biker a intraprendere percorsi lenti, al punto che nella vita di questo monastero natura e spirito si danno la mano.

Chiara invece sa che solo il suo coraggio le ha consentito di affrontare i misteri e i pericoli di quella strana terra che si trova in cima alla calotta polare, a più di tremila metri di altitudine, dove ha sede *Concordia*, la stazione scientifica italo-francese. Qui si viene accolti – si fa per dire – da una temperatura media di meno cinquanta gradi centigradi che sfibra l'umanità partecipe di questa avventura: ingegneri, fisici, donne e uomini di scienza, votati alla ricerca sull'astronomia, il clima e l'inquinamento del nostro pianeta. Un mondo decisamente capovolto (a sud, proprio sulla punta terrestre dell'emisfero australe) dove si sperimenta soprattutto l'«assenza»: della vista, perché il bianco del ghiaccio e il blu del cielo non hanno più differenze; dell'olfatto, perché tutto è congelato, compresi gli odori; dell'udito, perché si è immersi nel silenzio e nell'assenza di rumori.

Chiara ci racconta di una regione *estrema* che insegna a gestire gli imprevisti – ad esempio, l'assenza di carburante che l'ha obbligata a rimodulare e riorganizzare ogni attività in base a ciò che è prioritario – in un mondo che sta diventando sempre più interconnesso e complesso. È decisamente, questa che avanza, un'età dell'incertezza, in cui siamo chiamati ad affrontare sfide improvvise, che ci sorprendono per il loro carattere di imprevedibilità e per i tempi di reazione vieppiù limitati che esse ci concedono per poterle vincere.

«Il mondo di oggi è sempre più simile all'Antartide: un ambiente vasto, pericoloso e imponderabile che ci pone continuamente davanti l'ignoto.» Nel racconto di Chiara ritornano alcuni *topoi* caratteristici dell'idea di viaggio e della sua narrazione, sullo sfondo di quella parola già evocata e che accanto al tema terra risuona anche a Plankstetten, grazie a un monaco: il coraggio. È il coraggio, infatti, a partire dal 1987, a spingere i monaci verso una scelta bio decisiva e non priva di rischi.

È l'abate Beda Maria Sonnenberg a ricostruire la storia più recente dell'abbazia, una storia che ha visto i monaci operare un delicato passaggio, quando, nel 1987, si resero conto che la foresta si stava deteriorando per effetto delle piogge acide. A questo si accompagnava il minor rendimento delle tenute, a causa di uno sfruttamento intensivo del suolo, non più in grado di garantire il sostentamento della comunità monastica. «Non erano più sufficienti le preghiere che recitavamo» dice l'abate.

Per questo motivo Plankstetten a suo tempo intraprende la strada del biologico. E lo fa avendo «tutto il mondo contro».

Il predecessore di Beda Maria Sonnenberg, Gregor Maria Hanke, attuale vescovo di Eichstätt, si era rivolto all'Università di Ansbach, al professor Hofmann, per ricevere da lui un consiglio. Hofmann era stato piuttosto drastico: «Se volete sopravvivere, la vera panacea risiede nell'agricoltura ecologica».

In pochi anni, già nel 1994, il monastero riesce a convertire l'agricoltura convenzionale in agricoltura ecologica, sia nel settore agricolo vero e proprio e del giardinaggio, sia nell'attività di panificazione e macellazione delle carni. Curioso (e coraggioso) quindi che i monaci, che appartenevano a un'associazione piuttosto conservatrice, siano presto diventati parte di un'associazione biologica assai combattiva, la cosiddetta Bio Plant. Questa conversione al bio ha interessato infatti ogni attività produttiva del monastero, compresa la rete di commercializzazione dei prodotti. E non è tutto, perché quando i monaci si sono resi conto che anche il complesso abitativo doveva essere risanato, hanno deciso di intraprendere il percorso biologico anche per la ristrutturazione dell'edificio.

Con aria piuttosto grave l'abate prosegue rievocando quella fase iniziale dell'esperienza che certo non deve essere stata indolore, per via delle accese discussioni e aspre contestazioni suscitate dalla loro decisione. Una decisione che però si rafforzava, consolidandosi e trovando concretezza nella nascita dell'associazione Ecologia sul suolo della Chiesa (*Ökologie auf Kirchengrund*), un organismo che riunisce una ventina di realtà, tra monasteri e istituzioni ecclesiastiche bavaresi, dedite a un'agricoltura a basso impatto ambientale. Oltre a vincere le resistenze dei concittadini, è stato necessario dimostrare la fattibilità del progetto anche alle autorità, secondo cui non sarebbe stato possibile operare un intervento ecologico sullo stabile che si affaccia sulla foresteria e il versante più antico del monastero. «Ma siamo andati avanti lo stesso, abbiamo reso possibile quello che sembrava impossibile e il risultato finale è stato appunto la casa di paglia che sorge qui vicino e che registra un risparmio energetico del 75% rispetto alla struttura precedente.»

La casa di paglia, inaugurata nel 2022, è stata realizzata utilizzando solo materiali provenienti dal territorio: il legno dei boschi e la paglia biologica dei campi dell'abbazia, la stessa che imbottisce cuscini e piumini delle camere da letto. Le pareti sono intonacate con l'argilla. Si tratta del più grande edificio abitativo di questo tipo in tutta la Germania meridionale.

Alla tutela del clima contribuisce anche la ristrutturazione operata sugli edifici monastici storici, compresa la foresteria Gästehaus St. Gregor, con interventi di efficientamento energetico conseguito anche grazie all'isolamento termico delle finestre e a un sistema di raffreddamento che utilizza l'acqua sorgiva. Un'opera che ha richiesto una spiccata sensibilità, considerando che l'abbazia vanta oltre novecento anni di storia. La chiesa monastica romanica, la cripta bizantina e gli edifici abbaziali barocchi, infatti, richiamano un numero sempre maggiore di turisti-visitatori appassionati ai temi della cultura.

Riassumendo: nell'abbazia tutti gli edifici sono stati risanati e resi ecosostenibili, con un risparmio energetico del 70%, e le attività hanno anche creato lavoro per le imprese locali.

Il coraggio di Plankstetten è stato dunque premiato e ha visto risorgere quella terra e soprattutto i suoi boschi, con cui il monachesimo ha intrattenuto un rapporto unico, quasi una simbiosi. Alberico ne approfitta allora per rammentarmi che nel *Liber Eremitice Regule* del priore Rodolfo II (1120) vengono celebrati i sette alberi elencati nel libro di Isaia, come segno della terra rifondata da Dio, a cui i fratelli devono guardare: il cerro che rappresenta la nobiltà, la sincerità e la dignità; il biancospino lo stimolo alla correzione e alla conversione; il mirto la sobrietà e la temperanza; l'abete bianco la meditazione e la sapienza; l'olivo la fecondità di opere di letizia, la pace e la misericordia; l'olmo il sostegno e la pazienza; e infine il bosso l'umiltà e la perseveranza. Tra questi, in particolare l'abete bianco (*Abies alba*) sarà apprezzato e protetto dai monaci benedettini come legname d'opera e come specie simbolica a livello spirituale: «Potrai essere abete slanciato nell'alto, denso di ombre e turgido di fronde, se mediterai le altissime verità e contemplerai le cose celesti, se penetrerai, con l'alta cima, nella divina bontà, sapiente delle cose dell'alto».

E tuttavia questa scelta-sfida di Plankstetten in favore della biosostenibilità non solo viene raccolta più tardi nelle città (la svolta bio di Norimberga, ad esempio, risale al 2003), ma riveste un significato simbolico di grande interesse, perché si inserisce nel più vasto orizzonte delle dinamiche di cambiamento e di indirizzo che il monachesimo ancora sa interpretare e suggerire. Al punto che per Norimberga, ad esempio, l'obiettivo è ora di raggiungere a breve il 100% del biologico, grazie anche al recente avvio nelle scuole del programma «School Food for Change» (SchoolFood4Change).

Werner Ebert, coordinatore della BioMetropoli di Norimberga e delle città bio tedesche, mi illustra la filosofia di questa associazione che è parte di quella delle città bio europee, *Organic Cities*. Con tale rete, diretta con maestria da Claudio Serafini, c'è una consuetudine di collaborazioni proprio all'origine della sua partecipazione al nostro progetto. Ne ricordo due, assai significative: Expo Milano 2015, *Nutrire il pianeta. Energia per la vita* – quando presiedevo il *Milan Center for Food Law and Policy* – occasione privilegiata per promuovere il diritto di tutti gli uomini al cibo sano e nutriente. Poi il Municipio di Parigi, dove nel 2018 viene fondato ufficialmente *Organic Cities*. Per me è un invito a parlare degli obiettivi e della missione della mia cattedra UNESCO: costruire la pace, ridurre in modo sostenibile la povertà per battere fame e malnutrizione; dialogo interculturale attraverso l'educazione, la scienza, la cultura, la comunicazione. *Organic Cities* ha poi chiamato a unirsi a questa nostra comunità di viaggiatori i rappresentanti delle esperienze più significative delle città europee della sua rete e delle associazioni degli agricoltori, per condividere nelle abbazie visitate le loro pratiche migliori. Ecco perché l'ho voluta accanto a noi in questo percorso che riunisce, tra le altre, le più importanti città della Germania. Con la sua fiera mondiale, giunta ormai alla trentaquattresima edizione, Norimberga è una vera e propria capitale del bio ed Ebert pone l'accento sugli stretti legami esistenti tra territori, monasteri e città. Legami che risalgono all'antichità e solo recentemente e lentamente sono stati recuperati, dopo che si erano andati perdendo nel secolo scorso in conseguenza del processo di industrializzazione. Nel caso di Norimberga e Plankstetten questi legami sono molto solidi, a cominciare dalla commercializzazione e dalla vendita dei prodotti abbaziali sul mercato di Norimberga.

Se Plankstetten, al Nord, esemplifica il coraggio di una sfida bio che diventa riferimento per il mondo delle città, la certosa di San Lorenzo, a Padula, in Campania, celebra un lontano passato e il presente di una cultura dell'alimentazione che si è fatta sistema e si propone come modello da imitare. Ed è lì che noi andremo. A pochi passi da Padula, infatti, un bio-distretto prosegue e promuove quel costume di casa che si chiama dieta mediterranea.

SAN LORENZO DI PADULA. UNA DIETA CHE ALLUNGA LA VITA

Dalla Cina, dal Giappone, dalla Corea, dalla Norvegia e dal Maghreb si arriva qui per conoscere e studiare le tecniche di un sistema agroalimentare sostenibile; per incontrare un mondo di operatori dediti alla conservazione e diffusione di saperi e tradizioni locali, aperto alla relazione e allo scambio, sotto il segno della sensibilità al biologico: per imparare «non solo come si produce ma anche come si conserva» il famoso fico bianco del Cilento, i fusilli cilentani fatti a mano e tirati al ferretto.

Un bio-distretto è un territorio in cui agricoltori, consumatori, amministratori pubblici e altri operatori economici locali danno vita, con un accordo formale, a una gestione sostenibile delle risorse secondo i principi dell'agricoltura biologica e dell'agroecologia. Il fine è sviluppare un sistema alimentare locale, sostenibile e biologico.

Anna Nigro, che possiede un'azienda agricola biologica a Castelnuovo Cilento, insieme a un gruppo di agricoltori ha costituito l'Associazione bio-distretto Cilento, sita all'interno del Parco nazionale del Cilento, Vallo di Diano e Alburni, di cui è presidente: è la prima esperienza di bio-distretto d'Italia e d'Europa. I quarantuno comuni associati coprono una superficie di oltre tremila chilometri quadrati che raccoglie quasi 270.000 abitanti. E sono diventati oltre mille gli operatori in ambito ecologico certificati, per la maggior parte impegnati in aziende biologiche che contribuiscono a preservare e conservare un sistema agricolo originario che vanta una superficie di più di 13.000 ettari.

Un po' come accaduto per le abbazie, questo primo bio-distretto del Cilento ne ha orgogliosamente fondato un altro a Nova, in Portogallo. E persino nelle Filippine, a Mindanao, è nato un bio-distretto: in quel luogo in mezzo al Pacifico, funestato da una guerra civile tra cristiani e musulmani, ha portato la pace grazie alla lungimiranza di un sindaco che ha avviato un programma, *From Arms to Farms*, dalle armi alle aziende agricole. A ogni soldato che consegnava il proprio fucile veniva data una zappa e un ettaro di terreno in affidamento gratuito. Nel giro di due anni Mindanao è diventata così una tra le aree con la più alta concentrazione di biologico al mondo, il 100%.

Un'onda inarrestabile, quella del biologico, spinta dalla federazione mondiale di tutti i movimenti dell'agricoltura biologica che ha delegazioni in Asia, in Europa e che lavora in sintonia con la rete internazionale dei bio-distretti e il Food System Program delle Nazioni Unite per la promozione dei sistemi alimentari sostenibili locali e biologici.

Al centro del vasto progetto di modificare realmente i sistemi alimentari a livello globale vi è la dieta mediterranea, la cui scoperta ha una data, il 1951, e una storia, che è bello rievocare. Inizia quando Ancel Keys, fisiologo che studia la biologia umana, arriva a Roma invitato dalla FAO per un grande convegno dedicato alla nutrizione di tutta

Europa. Siamo all'indomani della Seconda guerra mondiale e Keys in quel momento è il più famoso nutrizionista del mondo, che deve la sua notorietà alla razione K, il kit alimentare dell'esercito americano progettato per garantire la sopravvivenza per almeno un paio di giorni. Keys è celebre anche per l'importantissimo studio *The Biology of Human Starvation*, ancora oggi insuperato, sugli effetti prodotti dalla fame sul nostro corpo.

In realtà, all'epoca gli USA sono alle prese con un problema opposto a quello della fame: nel 1951 il 50% dei maschi adulti muore di infarto senza che siano chiare le cause. Gino Bergami, un medico partenopeo che Keys incontra a Roma, gli racconta invece che a Napoli si registrano solo raramente infarti o casi di malattie cardiovascolari. Keys parte allora con la moglie Margaret Haney, una biologa della Mayo Foundation, alla volta del capoluogo campano. Tra il 1951 e il 1952, cominciano un primo lavoro di screening della popolazione maschile napoletana equivalente a quella studiata negli Stati Uniti, maschi adulti tra i trentanove e i cinquantanove anni, in particolare vigili e operai dell'Italsider, la grande acciaieria di Stato sita a Bagnoli, cioè membri di una classe sociale medio-bassa. Analizzando i campioni di sangue, i due coniugi scoprono che la differenza tra i maschi napoletani e i maschi americani è il colesterolo, i cui effetti fino ad allora erano ignoti.

Ne deriva questo strano paradosso che fa vacillare una relazione apparentemente logica secondo cui benessere economico = alimentazione sana. La domanda diventa dunque: perché le persone ricche, negli USA, hanno problemi di salute mentre a Napoli persone indigenti non ne hanno? Partendo da questo risultato, del tutto inatteso, i coniugi Keys decidono allora di intraprendere una grande ricerca epidemiologica. *Seven Country Study* (1957) esaminerà dodicimila persone in un arco di tempo molto ampio, per dimostrare quanto sia giusta l'ipotesi secondo cui la salute dipende anche da ciò che mangiamo. Uno studio che, oltre all'Italia, vede coinvolti Stati Uniti, Finlandia, Jugoslavia, Giappone, Olanda e Grecia. Comparando i comportamenti e le abitudini diffuse in queste nazioni, Ancel e Margaret Keys assieme a un'équipe internazionale scoprono che la dieta mediterranea è uno stile di vita, che peraltro la allunga, e nel 1975 pubblicano il libro *La dieta mediterranea.*

La storia di questo stile alimentare crea un filo rosso che dal mondo antico greco-romano sembra arrivare direttamente al presente delle comunità agricole del Cilento, territorio riconosciuto dall'UNESCO, nel 2010, come una delle realtà più emblematiche della dieta mediterranea. Cosa che potrebbe forse suggerire l'idea sbagliata che queste comunità siano dei *musei viventi*, popoli e costumi in qualche modo immutabili e immobili nel tempo, non soggetti al divenire storico.

Meno noto è invece il contributo della cultura cristiana e monastica alla storia della dieta mediterranea*, che invece proprio Padula – dove ne abbiamo parlato con alcuni studiosi dell'Università di Napoli, Suor Orsola Benincasa – ci ha fatto scoprire, contribuendo a mitigare la convinzione di Keys che la dieta fosse il prodotto di pratiche e di culture risalenti esclusivamente al mondo classico. Non possiamo trascurare infatti l'influenza della cultura cristia-

* Ancel Keys, *Mangiar bene e stare bene,* Padova, Piccin Editore, 1962.

na e monastica nella definizione dell'identità culturale e alimentare della popolazione del Cilento, e anche di quel patrimonio immateriale che è la dieta mediterranea. Vorrebbe dire ridurre al silenzio il contributo di un periodo storico che va dai primi secoli dell'era cristiana fino a tutto il Medioevo. Questo silenzio sarebbe anche figlio di un processo di secolarizzazione che ha interessato le società europee, moderne e contemporanee, e che tende a relegare l'ambito del sacro e del religioso in una posizione residuale della società. Tutto questo nonostante nelle pratiche sociali delle popolazioni, soprattutto nelle fasce più marginali, quest'ambito risulti ancora molto presente, quantomeno fino al periodo cui risalgono gli studi del famoso antropologo Ernesto de Martino, che non trascura l'influsso e la presenza dell'aspetto sacro, religioso, o meglio magico-religioso (per usare una sua espressione), nel mondo della vita quotidiana di quelle popolazioni. Le operazioni interpretative che hanno determinato il silenzio su questa dimensione magico-religiosa sono state fondamentalmente due: una, di ispirazione illuministica, tesa a desacralizzare le società in nome della ragione, l'altra volta a dare maggiore importanza e valore al mondo antico rispetto a quello medievale.

Per quanto riguarda poi la comunità del Cilento, non si possono non tenere in considerazione le scoperte di alcuni studiosi di questa regione, tra cui lo storico e medico Pietro Ebner. I suoi lavori sottolineano come soprattutto il Basso Cilento sia stato pervaso dalla cultura religiosa bizantina quando, intorno all'VIII secolo, i monaci basiliani – che si ispiravano cioè alla Regola di san Basilio – avevano abitato quell'area a seguito delle lotte iconoclaste, ma probabilmente anche a seguito di invasioni, guerre e altre cause.

Moltissime fonti storiche attestano, a partire dal VI secolo, la presenza di monaci orientali nel Cilento, che sarebbero vissuti in origine nei fitti boschi, nelle caverne dei monti e nelle coste disabitate, che offrivano loro quell'isolamento necessario alla preghiera e alla meditazione, secondo appunto i precetti di san Basilio. E che si sarebbero nutriti nei primi periodi del loro insediamento quasi esclusivamente di frutti spontanei. Per quanto purtroppo le fonti storiche risultino frammentarie (non si è ritrovato ad esempio l'insieme delle Regole di un monastero in quest'area), tuttavia dall'esame di altri monasteri in Calabria si deduce come l'attenzione per l'alimentazione fosse molto importante presso quei monaci, specialmente per quanto riguarda la frugalità e la semplicità che caratterizza appunto la dieta mediterranea.

Grazie alle nuove tecniche di indagine che permettono di risalire alle abitudini alimentari dai reperti ossei e dalle analisi sui resti funerari dei monaci trovati nell'area del Cilento, è stato possibile rilevare che si nutrissero per il 40% di legumi e vegetali, una quantità che forse per noi oggi sarebbe difficile da tollerare.

OLTRE LA BELLEZZA

«Non ti basterà ammirare la magnificenza dei templi greci, la bellezza dell'acropoli dominata dalla torre angioina, le strabilianti forme barocche della grande certosa, per comprendere davvero il valore di questa terra. I suoi monumenti sembrano eseguire gli assoli di una melodia complessa. E se vorrai ascoltarla, dovrai abbracciare con lo sguardo l'intero paesaggio. E sentirlo vibrare come un unico organismo vivente. Dovrai addentrarti in un territorio montuoso impervio. Un mondo che appare sublime e inaccessibile, ma che fin dalla preistoria è stato invece cerniera fra l'Adriatico e il Tirreno.»

Sono parole di un bel video che ci accoglie a Padula, ed esprime la forza di un turismo sostenibile ed etico, un'interessante sinergia tra storia e cultura dei territori. Qui, tutto intorno, badie – nel comune di Vallo della Lucania la meglio conservata – e località sanno mettere insieme una proposta in cui bene storico e prodotto del territorio (azienda agricola) trovano una sintesi in un paesaggio culturale stratificato dall'antica colonizzazione greca e dall'impronta del monachesimo. I monaci, infatti, tornarono ad abitare i monti e i territori interni abbandonati dai romani, lasciandoci in dono la gemma superba della certosa di San Lorenzo, la grande fabbrica medievale a due passi dal Parco nazionale del Cilento, Vallo di Diano e Alburni (che ospita i siti archeologici di Paestum e Velia), dal 1998 inseriti nella World Heritage List dell'UNESCO.

I lavori per l'edificazione di Padula hanno inizio nel 1306, nello stesso luogo che ospitava una grangia e una chiesa, dedicata appunto a san Lorenzo. La certosa, che ne conserva il nome, non a caso ha una pianta a forma di graticola, in ricordo del martirio del santo, la cui vita è celebrata nei bassorilievi di una delle porte d'accesso alla chiesa. Retta dai certosini – ordine religioso francese fondato nel 1084 presso Grenoble – negli anni in cui Napoli è governata dagli Angiò, Padula «profuma» dunque di Francia. È il secondo monastero che i certosini inaugurano nel nostro Sud, dopo quello di Serra San Bruno in Calabria.

Circondata da estesi campi fertili e uliveti – che danno vino, olio di oliva, frutta e ortaggi – la certosa di San Lorenzo è un sito monumentale, con i suoi 42.000 metri quadrati, 320 camere, 13 cortili, 500 porte, 550 finestre, 41 fontane e 51 scale. Rappresenta un vero e proprio crocevia, tanto dei percorsi che collegano i possedimenti meridionali del Regno di Napoli, quanto del commercio dei beni primari prodotti a Padula. Ed è anche il principale punto di raccolta della manodopera di un territorio ricco di boschi di castagni e lecci, torrenti e paesini che si affacciano sul Tirreno.

Meta di visite illustri, la certosa fa da sfondo a un curioso episodio, che mette insieme storia e leggenda nel racconto del sacerdote Camillo Turini. Siamo nel 1535 e Carlo v – reduce dalla battaglia di Tunisi in cui ha sconfitto il corsaro ottomano Aricodemo Barbarossa – è appena sbarcato a Reggio Calabria e annuncia il suo arrivo insieme a tutto l'esercito. Per poter garantire l'ospitalità a tante persone con così poco preavviso, i monaci sono costretti a rompere e sbattere a mano ben mille uova, realizzando così una cena pantagruelica, a base di frittata, nel rispetto delle regole monastiche e della deferenza dovuta al sovrano.

E vale davvero la pena una visita alla cucina del convento che ancora oggi conserva soffitti affrescati, con volte a botte, una grandissima cappa ed eleganti forni a legna impreziositi da rivestimenti di mattonelle (le riggiole) gialle e verdi in ceramica maiolicata e dipinte a mano.

La certosa si divideva in casa bassa (*domus inferior*) e casa alta (*domus superior*). Nella prima, i luoghi di lavoro (depositi, granai, stalle, lavanderie) destinati ai conversi, preposti alle attività fondamentali che regolavano la vita quotidiana della certosa. Nella seconda, gli spazi dedicati ai padri per la meditazione e la preghiera. E poi gli orti, coltivati a vite e cereali. Tra le meraviglie del complesso, l'elegante scalone a doppia rampa, a forma elicoidale, che unisce i due livelli del chiostro grande inaugurando una splendida scenografia illuminata da sette grandi finestroni che si affacciano sul paesaggio del Vallo di Diano.

Dall'alto, lo scalone appare come una bellissima chiocciola che ci accompagna nella biblioteca: il continente che le abbazie ci hanno abituato a evocare e che lo sguardo poi consegna rapito all'immaginazione. Con il giornalista Massimo Sebastiani e un interlocutore d'eccezione, monsignor Francesco Savino, vicepresidente per il Sud della Conferenza episcopale, parliamo di bellezza.

«Se penso alla magnifica scala elicoidale della certosa, la bellezza è anche un senso di vertigine che ti fa sperimentare un confine... cioè qualcosa che in un certo modo riusciamo a "intuire" vagamente, un orizzonte. Come se attraverso la vertigine l'uomo cogliesse il proprio limite.» Riconosco in Sebastiani, appena reduce da una visita alla certosa, la stessa sindrome di Stendhal che ha colto anche me. Ma pure in monsignor Savino, in fondo. Il quale confessa che, entrando qui, la prima sensazione che si prova porta a esclamare: «Come sono piccolo!».

E coglie nel segno monsignor Savino. La bellezza è anche qualcosa che ti trascende, ti supera, ti fa sperimentare di essere piccolo, ma poi scopri che pure la piccolezza è una forma di bellezza. O che nella bellezza potremmo anche smarrirci, perderci come naufraghi: «Provare un senso di vertigine, come nella scala elicoidale di poco fa» ammette Sebastiani. O avvertire il senso di un confine, di un limite che giusto la bellezza ci aiuta a cogliere. E immaginiamo un *oltre*. Oltre la siepe.

È certo che in questo luogo della bellezza sperimentiamo tutte le declinazioni, pronti ad accogliere quanto di inquietante e interessante c'è dentro di essa: categoria da sottoporre a un cammino di chiarificazione, quasi di purificazione. Anche la bellezza, infatti, necessita di una sorta di «ecologia».

E quale migliore occasione per farlo, se non guardandosi dentro ora che siamo nel regno del bello, che ci avvolge qui nell'abbazia?

Sebastiani riprende la considerazione che la bellezza sia un qualcosa che ci trascende e ci fa sentire piccoli, fragili: una nuova forma di bellezza, di cui felicitarsi. Nel contempo però la bellezza è una coppia di opposti, trascendenza e immanenza; fascino e inquietudine; smarrimento ma anche ricerca dell'altro, quell'andargli incontro che, secondo Savino, ci rende appunto pellegrini. «Non è forse vero» aggiunge «che siamo tutti pellegrini nomadi, animati da un grande desiderio di "mendicare sempre di più il cielo", il cielo non come categoria cosmologica e il cielo come il tutto?»

Per poterlo «toccare, il cielo», dice monsignor Savino, abbiamo bisogno di disporci in un atteggiamento di mendicanza. I mendicanti, i pellegrini, strada facendo, scoprono la bellezza. E questo luogo di grande bellezza (ce lo indica sant'Agostino), non è altro che la nostra interiorità, che va coltivata, supportata, nutrita, perché soltanto nutrendoci di bellezza saremo capaci di relazioni belle.

L'esortazione che Savino ci consegna è a leggere il bello, guardare il bello, ascoltare il bello, mangiare il bello. Se ci alimentiamo della bellezza ai diversi livelli, inesorabilmente ci scopriremo più etici, capaci di comportamenti positivi, propositivi, legali: «Noi dobbiamo, noi possiamo essere belli. E la frontiera su cui ci giochiamo la bellezza è quella della relazione».

Sono particolarmente grata a monsignor Savino per aver posto l'accento su questo aspetto. Quando mi chiedono le ragioni che mi hanno spinta a intraprendere questo faticoso pellegrinaggio rispondo che sono fondamentalmente due. La prima è mutuata da Goethe, che scrisse come l'Europa sia nata pellegrinando. La seconda, alla quale tengo di più, è l'importanza delle relazioni, della relazione umana, centrale in ognuna delle tappe di questo libro.

Ciò che oggi rende brutto, triste, drammatico il nostro mondo è l'incapacità di relazionarsi con gli altri, di vedersi negli altri, di ricordarsi che esistiamo perché esistono gli altri. Ne facciamo esperienza ogni giorno, cercando di capire le ragioni di tanta infelicità e violenza intorno a noi.

Ce ne accorgiamo soprattutto quando, incontrando una persona che magari è esteticamente gradevole, magari ci attrae, poi avvertiamo nella relazione l'assenza di qualcosa di altrettanto importante: la bellezza interiore. Quello che io chiamo fascino. Quante volte incontriamo persone che, pur non esercitando un'attrazione di natura estetica, lo stesso ci attraggono, ci piacciono? Frequentarle e relazionarsi con loro dà gioia, perché poi la bellezza «ti dà gioia». Ecco dunque che con il termine «bellezza» intendiamo anche l'aprirsi a un nuovo rapporto, una relazione che tiene insieme estetica ed etica.

Alla ricerca dei limiti e della complessità che questa parola trascina con sé, ci chiediamo allora: «In che modo possiamo mostrare che nella bellezza rientra anche l'imperfezione?». «Abitando la contraddizione» rispondono i nostri amici Savino e Sebastiani. Perché è abitando la contraddizione che recuperiamo tutte le declinazioni possibili della bellezza e ne abitiamo appunto anche quella che contiene gli opposti.

C'è insomma ancora tempo, secondo Sebastiani, per immaginare che la bellezza si riassuma, come accade nelle parole del filosofo francese Michel Onfray, nel prodotto di due civiltà, greco-romana e giudeo-cristiana, l'esito puro di questa unione che cristallizza e armonizza Saulo e Pericle, Cesare e Costantino. «Io non credo» dice Onfray «in Yahweh, in Zeus, in Giove e neanche in Gesù Cristo, eppure vibro con tutta questa civiltà che ha generato geni in filosofia, in arte, in architettura, in agronomia, in teologia, in poesia, in letteratura, in storia, in tecnologia, in medicina ecc., invenzioni che hanno contribuito allo sviluppo di altre civiltà.» Siamo, o almeno così sembra, prigionieri degli opposti, delle contraddizioni e delle antinomie fino a che non decidiamo di «prenderle a bordo» e in qualche modo superarle. *Nella* e *con* la bellezza. Che ha ispirato e provocato (e rapito) il nostro sguardo. E lo accompagna in questo lungo cammino di paesaggi e di pietre d'Europa.

E d'altronde, ricorda Savino, cosa sono le abbazie, se non luoghi di bellezza, di silenzio e di contemplazione? In una parola, luoghi «mistici». Ed è la mistica «la parte che manca oggi alla nostra esperienza cristiana. La mistica, una delle forme più alte di spiritualità, capace di mettere insieme le antinomie».

Funziona così, la bellezza: richiama e stimola a sua volta altre forme di bellezza e di meraviglia. E quel silenzio sospeso, quasi un'eco del racconto di monsignor Savino, si affida ora a queste nuove parole: «Ti sento / Bellissima statua sommersa / Seduti, sdraiati, impacciati / Ti sento...». Antonella Ruggiero consacra la magnificenza della certosa in un concerto sussurrato, intimo ed emozionante. E il tempo si ferma.

6.
I colori della biodiversità

MORIMONDO. UN'ABBAZIA UGUALE E DIVERSA

La nebbia avvolge Morimondo e la sua abbazia nel pomeriggio freddo in cui imparo che le api sono garanti della biodiversità. È questa la parola che regala colori al nostro incontro di oggi, altrimenti grigio. «Bio», cioè vita, e «diversità» si fondono in un connubio importante. Ma non sempre la parola «diversità» è associata a valori positivi e per questo le preferisco un termine più vicino al mio sentire, «varietà». Varietà delle forme di vita. Che subito richiama tre temi: l'organismo vivente, il suo adattamento all'ambiente e la varietà stessa della vita. Senza biodiversità o *biovarietà* non disporremmo delle risorse necessarie per vivere e circa un terzo degli alimenti dipende dagli impollinatori, quindi dalle farfalle, dagli uccelli e dalle nostre amiche api.

Proprio questi insetti impollinatori sono al centro del progetto che la Cooperativa sociale Nocetum sviluppa, affidandone la cura e la responsabilità a ragazzi a rischio di esclusione sociale. Il legame con l'alveare, nel segno dell'ecologia integrale di papa Francesco, costituisce per questi ragazzi un'esperienza formativa in città, ispirata ai valori della campagna. Nella cascina Corte San Giacomo, a sud di Milano, imparano a riconoscere e apprezzare la bellezza straordinaria del territorio e delle sue produzioni, sentendosi parte attiva di quella comunità allargata che alimenta la famiglia dei mondi della biodiversità, che trova rispetto e tutela proprio qui al Nocetum, in un'antica grangia della Valle dei Monaci, che ha con Chiaravalle Milanese e Bernardo un legame storico e stretto. Ed è curioso notare come in un'icona particolarmente suggestiva, presso l'abbazia, il santo venga rappresentato contornato da api, che nell'immaginario cristiano ricoprono un ruolo significativo. Emblema di laboriosità e cooperazione, da subito si è instaurato un nesso simbolico tra le api e le comunità monastiche. Ma i legami non sono finiti qui, perché è la dolcezza del miele a fare da trait d'union tra le api a Bernardo di Chiaravalle. Non a caso, in ragione del suo eloquio, Pio XII, nell'ottavo centenario della morte, sceglierà per l'enciclica dedicata a Bernardo il titolo di *Doctor Mellifluus.*

Tornando alle api di Nocetum, ai colori di una biodiversità le cui varietà illuminano i nostri occhi, incontriamo Gloria Mari, attuale presidente e fondatrice dell'associazione alla fine degli anni ottanta assieme a suor Ancilla Beretta e a un gruppo di laici volontari. Racconta come accada a volte che «degli sciami si spostino, magari durante l'estate, non certo in inverno in cui tutto è quiescente, ed è bello che le figure più fragili tra i nostri ragazzi se ne preoccupino e dicano: "Adesso devo andare subito a riprendere lo sciame" e lo recuperino e lo rimettano a posto».

Un piccolo miracolo di responsabilità e cura si compie insomma a opera di questa umanità fragile. Nocetum ha pure situato un apiario nel bosco di Rogoredo, purtroppo interessato dalla piaga dello spaccio di droga e dunque di morte, per restituire ai ragazzi la vita. Un'umanità che si riscatta attraverso il legame con la natura e i colori della biodiversità. E che ora questo nostro dialogo, aperto su un mondo di ragazzi anche provenienti da territori lontani, interpreta con la varietà dei vissuti che ciascuno porta con sé.

Per il suo impegno nella custodia del Creato e per il sostegno alle persone in condizioni di disagio, Nocetum è stata riconosciuta come Comunità Laudato si', la rete internazionale delle comunità locali che operano nello spirito dell'enciclica di papa Francesco, dedicata alla cura della casa comune. Nel testo si parla di biodiversità e delle specie che si sono estinte e della necessità di cambiare rotta, perché nel mondo che abitiamo tutto è connesso, tutto è relazione.

Un concetto che i cistercensi e i monaci hanno sempre avuto bene a mente. Non c'era nel loro vocabolario la parola «biodiversità», ma «avevano mani e piedi in terra» mi dice padre Stefano Zanolini, abate di Chiaravalle Milanese. Con le loro conoscenze e capacità, i loro strumenti, erano in sintonia con l'idea di relazione e con il mondo. La loro missione consisteva nel lavorare e curare la terra, avendo a cuore il legame di comunità, nell'andare incontro anche ai bisogni degli altri. E nel preservare, in ogni campo, l'equilibrio di relazioni di reciprocità e interazione, cui contribuiscono uomini e donne che hanno scelto uno stile di vita comunitario, fatto di rapporti stabili e però sempre in gioco, perché ogni equilibrio è frutto di un delicato bilanciamento, e in un istante può diventare precario o mutarsi in squilibrio. Ciascuno dovrà contribuirvi con il proprio apporto, consapevole di dover sempre orientarsi alla giusta misura perché, come accade in natura, l'eccesso scombina tutto.

E del resto Benedetto, nella sua Regola, nell'offrire uno spaccato della vita comunitaria e delle relazioni, non presenta una comunità perfetta, tutt'altro. La descrive come costituita da uomini o donne che sanno anche essere falsi, sleali, superbi, insieme ad altri, pazienti, obbedienti, umili. La ricerca e la conquista di quell'equilibrio che rappresenta l'elemento fondante di ogni rapporto umano non può prescindere dalla consapevolezza che, aggiunge padre Zanolini: «Senza relazione si muore, da ogni punto di vista: sociale, affettivo, politico, religioso, spirituale».

Capiamo allora perché sia importante e impegnativo vivere mantenendo e alimentando le condizioni che favoriscono un rapporto armonioso con il mondo che ci circonda. Non da ultimo perché il tipo di relazione che ognuno di noi instaura contribuisce a formare un *clima* attorno a sé, un ambiente. E se nel campo della biodiversità è la natura a creare delle relazioni che determinano un equilibrio, nel campo di quella che possiamo pensare come una *biodiversità delle relazioni* tra uomini, invece, c'è bisogno di un ingrediente essenziale: la fiducia. In natura le cose avvengono seguendo un meccanismo che è intrinseco alla natura stessa. Tra gli uomini, se non c'è fiducia, non c'è relazione.

E ancora una volta tocca a noi far sì che questa delicata armonia non solo si preservi, ma trovi sempre nuova linfa e slancio. Padre Zanolini ricorre al capitolo 72 della Regola di san Benedetto, dove si parla del giusto zelo, del sostegno alla comunità, nel quale devono esercitarsi i monaci «con ardentissimo amore», contrapponendolo al «maligno zelo», sinonimo di egoismo e indifferenza. «Si prevengano l'un l'altro nel rendersi onore» prescrive la Regola ai monaci: si vadano cioè incontro l'un l'altro, anticipando l'utilità altrui e anteponendola alla propria. Ed è quindi questo sentimento di fratellanza a costituire il fondamento di relazioni che conoscono un loro equilibrio, che hanno e danno un colore. E il colore deve essere il colore dell'umano.

Ma tutto questo delicato equilibrio, che sostiene il vivente e che noi abbiamo ereditato (e che da poco, da troppo poco tempo, abbiamo imparato a curare), ha un suo teatro e una storia. Immersa nel verde del Parco Ticino, l'abbazia di Morimondo è un presidio della vocazione agricola di questo territorio, noto per l'ingegneria delle acque – fontanili, marcite, risaie – e per le cascine. Sono ben quattordici e originano dalle grange fondate dai cistercensi.

La grangia, in una prima fase costituita dagli edifici rurali nei terreni dell'abbazia, destinati allo stoccaggio dei prodotti agricoli, si trasformerà in un insieme di costruzioni esterne, composte da locali di soggiorno, preghiera e di deposito per gli attrezzi e per i raccolti: in pratica una piccola azienda agricola, abitata dai conversi, amministrata dal cellerario e generalmente lontana non più di un giorno di cammino dal monastero.

Come sappiamo già, i monaci cistercensi sceglievano sempre un luogo ricco di acqua e di boschi. Ma per quanto riguarda le marcite, qui le hanno trovate già in essere, sono stati capaci di metterle a regime e sfruttarle, come hanno saputo fare a Chiaravalle Milanese, con il miracolo del formaggio grana. E, sempre a proposito di gestione delle acque, a Morimondo si trova la prima conca, la prima chiusa installata nel Naviglio per collegare Abbiategrasso e Bereguardo, nel 1438, che sfata così la leggenda che la vorrebbe leonardesca.

A testimonianza del fatto che, se un ambiente naturale è

«sano», la natura dà tanto, non molto distante da qui, nella radura della Fagiana, che è una delle sedi del parco, sono presenti ben ventidue tipi di farfalle, come ci spiega Paolo Mira, direttore e conservatore del Museo dell'abbazia.

Sotto il profilo ambientale, il Ticino, che molti chiamano «fiume gentile», nel tratto da Abbiategrasso alla Zelata, conferma la vocazione agricola di un territorio caratterizzato da cascine, orti e terreni coltivati. Soprattutto da acque. E da alberi, in particolare pioppeti e ontaneti.

L'abbazia di Morimondo, il motore secolare di questa cura del territorio, mostra alcuni tratti assai originali: a differenza degli edifici cistercensi tradizionali che sono costruiti in piano, si estende su più livelli perché edificata su un avvallamento e presenta complessivamente quattro piani che ben si individuano sul lato orientale. Partendo dall'alto, abbiamo il dormitorio, il chiostro e lo *scriptorium* al piano terra, la grande sala di lavoro dei monaci e infine la sala dei fondatori, nei due piani sottostanti.

I locali del cenobio hanno una struttura semplice, lineare e al tempo stesso elegante, in ossequio al principio secondo cui per il monaco ogni attività, non solo la preghiera, deve essere in lode a Dio. Tutti gli ambienti del monastero confluiscono dunque nel chiostro, che – se si esclude il *locutorium* – non ha sbocchi diretti verso l'esterno e comunica solo con il cielo, proprio per ricordare al monaco la missione della sua vita: porre Dio al centro. E il chiostro di Morimondo si conferma il luogo del silenzio e della preghiera.

Nella sua pianta essenziale tradisce l'origine medievale, ma con due inserimenti più recenti: tre porticati rinascimentali della fine degli anni settanta del Quattrocento e due palazzi della metà del Settecento. Solo il lato nord conserva l'aspetto originale. L'imprinting rinascimentale oltre a rappresentare un ulteriore tratto originale dell'abbazia, rispetto al rigore della famiglia cistercense – ecco perché, per me, è *così uguale* e *così diversa* –, le regala anche una serie di importanti tesori artistici.

La «cittadella» di Morimondo si estendeva dalla chiesa abbaziale fino al primo arco d'ingresso al paese. Ma, oltre agli edifici del monastero, erano disseminate sulle vaste pertinenze dell'abbazia (circa 32 chilometri quadrati) le grange e gli oratori.

Da quattro nel 1171, le grange salirono a sei nel 1189: Fornace, Basiano, Cerreto, Coronate, Fallavecchia e Casterno; e nel 1194 si aggiunse anche quella della Zelata.

Uno sviluppo economico travolgente, impetuoso, destinato però a conoscere tante sfide e sconfitte e che solo recentemente sembra prospettare un lieto fine, dopo molti secoli bui. Una storia travagliata che insieme ora ripercorriamo.

VIVERE DA RISORTI

Ma perché proprio Morimondo? La località deve il nome all'espressione latina *moritur mundis*, ossia «morire al mondo». È un motto indirizzato ai monaci per ricordare loro che, una volta entrati in monastero, dovranno considerare morto il mondo per coltivare un ideale di perfezione che solo il silenzio e la meditazione rendono possibile. Con il risultato di riuscire a cambiare radicalmente proprio quel mondo che avevano rifiutato. E lo fanno anche qui quando, nel 1134, come da tradizione, un gruppo di dodici monaci cistercensi con un abate, proveniente dall'abbazia madre di Morimond, in Alta Marna, giunge a Coronate, località vicinissima a Morimondo. È una storia di quasi nove secoli, dunque, quella di questa abbazia, tra i complessi monastici medievali meglio conservati e senza dubbio più originali, anche dal punto di vista architettonico.

Costruita originariamente in legno, l'abbazia è un edificio elegante in mattoni d'argilla, prodotti dalla fornace di cui i monaci dovettero dotarsi per l'edificazione in muratura del monastero. Come già visto nel caso di Chiaravalle Milanese, in un'area senza cave di pietra, il ricorso all'argilla s'impone sia per facilità di reperimento e di lavorazione, sia perché coerente con l'ideale di povertà dell'ordine.

Paolo Mira mi spiega che questo complesso è tra le primissime fondazioni in territorio italiano, la quarta dell'ordine cistercense francese, dopo Tiglieto, Sant'Andrea di Sestri Ponente e Lucedio.

I primi monaci cercano una posizione strategica, che sia sì isolata – il monachesimo risente pur sempre del richiamo a una vita eremitica –, ma non lontana dalle vie che tracciano i percorsi principali del tempo. E Morimondo, infatti, non è distante dai grandi tracciati viari del commercio. Anzi, trovandosi tra Milano e Pavia, nei secoli è stata più volte saccheggiata, vittima di scorribande tra eserciti e ha risentito dell'atavica guerra tra le due città lombarde. Oltre alle frequenti razzie, Morimondo viene distrutta nel 1237, motivo per cui soltanto nel 1296 verrà conclusa la facciata.

La sua storia è ricca di eventi e soprattutto di nomi. Morimondo conoscerà poi una trasformazione in commenda, un cambiamento che si realizza invece in ambito monastico, nell'epoca carolingia, quando cioè l'autorità laica, l'imperatore Carlo Magno, affida (dal latino *commendare*) l'amministrazione dei beni di grandi monasteri a personaggi, laici o ecclesiastici, esterni alla comunità monastica. E questo accade per lo più in assenza dell'abate titolare dell'abbazia, perché ne è sopraggiunta la morte o per la necessità di una veloce e temporanea sostituzione, oppure perché il sovrano possa così ricompensare qualche funzionario di corte dei servigi e della fedeltà prestata. Questa seconda e meno nobile motivazione finirà per prendere il sopravvento.

Divenuta commenda, l'abbazia di Morimondo sarà amministrata da Giovanni Visconti, arcivescovo di Milano, cui segue Giovanni de' Medici, figlio di Lorenzo e futuro papa Leone x, che si batterà per riportare i cistercensi a Morimondo: sei monaci provenienti dall'abbazia di Settimo Fiorentino. Morimondo entra per così dire nella circoscrizione toscana e vive il grande capitolo del Rinascimento. Lo testimoniano il rifacimento della porta della sacrestia, le vetrate dei transetti, la ricostruzione di tre lati del chiostro (1480), l'affresco della Madonna con san Bernardo e san Benedetto (1515), oggi all'interno della chiesa abbaziale; tutti realizzati quando il Rinascimento a Milano è ancora lontano. Né si può dimenticare il grande coro ligneo di Francesco Giramo (1522), vero e proprio capolavoro con i suoi settanta stalli.

Tra le numerose figure che costellano la sua storia, voglio ricordare san Carlo Borromeo e, per avvicinarci ai giorni nostri, l'arcivescovo di Milano Alfredo Ildefonso Schuster, che tenta un reinserimento della vita monastica, con i monaci trappisti delle Tre fontane di Roma, e in seguito con la congregazione degli oblati di Maria Vergine.

Sarà poi il cardinal Carlo Maria Martini, nel 1991, ad

affidare alla congregazione dei servi del Cuore immacolato di Maria la cura dell'abbazia, cui segue nel 2006 il ritorno dei diocesani a garantire questo servizio che oggi è affidato a don Giancarlo.

Quanto al complesso dell'abbazia, nel 2008 si concludono i lavori di restauro, mentre nel 2021 il comune acquisisce dal demanio la proprietà della chiesa abbaziale, della sala capitolare e della metà del chiostro. Infine, dalla convenzione con la diocesi per la gestione della chiesa abbaziale sorgerà una fondazione, da cui deriva il Museo dell'abbazia riconosciuto dalla Regione Lombardia come museo regionale.

Il museo lavora sui temi della spiritualità, dell'agricoltura cistercense e dell'architettura, in collaborazione con il centro di documentazione che accoglie, oltre alle pubblicazioni a stampa, anche le immagini, le diapositive, le fotografie, i disegni, le tavole, i progetti di restauro, di tutte le abbazie cistercensi.

Ma non di sola storia e di rossi mattoni padani è fatto questo mondo abbaziale lombardo, che indica e insegna un percorso dolce, nella pianura irrigua, tra terreni in passato assai più ricchi di fontanili, marcite e risorgive, ma tuttora capaci di regalarci la meraviglia di un paesaggio in larga parte preparato, nei secoli, dal monachesimo. Quel regno della biodiversità che dobbiamo sempre più imparare a difendere.

IL PARCO DELLE MERAVIGLIE

Tutto si tiene sotto il cielo lombardo di questa biodiversità, come in un pendolo che oscilla tra l'uomo e la natura. Ispirati dall'argilla, dal verde e dall'acqua, in un'antica amicizia e interazione con il monachesimo, oggi la raccontiamo e rinnoviamo con l'illusione (o la speranza?) di conservarla. Forse anche di accrescerla.

Così a Morimondo vengo a sapere del Servizio glaciologico lombardo. Bisogna monitorare il cambiamento climatico perché l'impatto dei ghiacciai sul territorio si fa sentire in Lomellina, che è una zona piena di risorgive, le quali creano un microclima favorevole alla biodiversità. Studiare l'impatto del clima in montagna, significa dunque prevedere effetti e ricadute del cambiamento climatico sulla biodiversità di questo territorio.

Non possiamo né dobbiamo restare inerti di fronte alla minaccia costituita dai cambiamenti climatici, che si manifesta anche nel declino delle specie legate ai vari settori dell'agricoltura, per l'intensificazione delle pratiche agricole e l'abbandono delle aree rurali.

Maurizio Rivolta, consigliere del Parco Ticino, mi spiega che gli ambienti agricoli che ospitano una maggiore biodiversità sono rappresentati dai sistemi estensivi con colture erbacee, dalle colture arboree e, soprattutto, dai pascoli seminaturali. Anche i metodi di conduzione biologica garantiscono che si conservi un buon livello di biodiversità. E vanno prese in attenta considerazione pratiche positive come zootecnia, cerealicoltura, multifunzionalità, proposte agrituristiche, vendita diretta dei prodotti.

Siamo nel mezzo del Parco agricolo forestale del Ticino, e dunque l'agricoltura gioca un ruolo determinante: quella intensiva, altamente industrializzata, quella fondata su zootecnia, cerealicoltura, agriturismi, prodotti locali, che si pone in alternativa alle grandi distese monoculturali che impoveriscono e mettono a rischio la biodiversità.

Quello del Ticino è il più grande parco regionale italiano, 90.000 ettari, e dunque si spazia da ambienti prealpini, con un paesaggio montano, alla bassa pianura, sul Po, con in mezzo tutto un territorio fatto di risorgive, di acqua, di agricoltura, di coltura. Il parco si presenta come una fascia libera in una zona fortemente antropizzata, dove sono state sviluppate tante, forse anche troppe, attività, considerato che il suolo non è una risorsa inesauribile. E la ricchezza *biodiversa* che qui si registra ha a che fare con le scelte che operiamo. Basti pensare alla semina del riso.

La semina in sommersione presenta vantaggi per la ricarica della falda e dei fontanili, perché elimina la competizione per l'acqua e conduce a un aumento della biodiversità: insetti, anfibi, uccelli (e, di conseguenza, meno zanzare). In conclusione, la cura di un paesaggio storico culturale si traduce in vari effetti positivi, con il risultato di riportare l'equilibrio in risaia.

La semina in asciutta, invece, provoca l'impoverimento della falda profonda e fontanili asciutti; la competizione, in estate, per l'acqua; una biodiversità tendente allo zero.

I campi allagati sono frequentati da ben ventitré specie differenti di uccelli in migrazione o stanziali, tra cui alcune di alto interesse come beccaccino, frullino, piovanello pancianera, falco di palude, prispolone e cutrettola. Sono state osservate anche una decina di specie diverse di libellule.

Se non ci fossero gli insetti impollinatori, il prodotto interno lordo dell'Italia sarebbe probabilmente molto più basso, considerato il ruolo dell'agricoltura. Il tema della biodiversità ha dunque a che fare con la qualità della nostra vita. Pensiamo alle specie esotiche (animali e vegetali) che, in conseguenza dei cambiamenti climatici, stanno invadendo il nostro territorio, condizionando la nostra vita quotidiana: la zanzara tigre e addirittura alcune nuove specie di zanzare che, si dice, possono essere portatrici di malattie tropicali.

È quindi del tutto evidente che la biodiversità non sia un tema da lasciare agli ambientalisti di professione, ma una materia che ci riguarda tutti e di cui dobbiamo occuparci tutti i giorni e in tutti i modi, nella nostra vita quotidiana, nel nostro giardino, nel nostro modo di fare la spesa, nel nostro modo di guardare il mondo. Che la cultura del monachesimo arricchisce di un'ulteriore apertura alla relazione con l'altro: quella dell'ospitalità.

VIVENTI TRA I VIVENTI

Nel periodo medievale l'abbazia di Morimondo aveva al proprio interno le tradizionali costruzioni funzionali alle esigenze della comunità: la foresteria per l'accoglienza dei viandanti e dei pellegrini, il forno, il mulino, i lavatoi, le stalle, le scuderie, i locali per la lavorazione dei formaggi e del vino, le cantine, l'*infirmarium* per i monaci malati e l'*hospitium* per il ricovero dei pellegrini.

Per don Virginio Colmegna, che il cardinal Martini volle da subito presidente della Casa della Carità (alla cui guida è stato fino a febbraio 2023) per «promuovere accoglienza e cultura insieme», foresteria vuol dire ospitalità. E ci regala questo suo bellissimo slogan che richiama una dimensione profonda del monachesimo, pronto a riconoscere il Signore nel volto di ogni ospite che giunge al monastero: «Abbiamo bisogno di monastero perché tutto è foresteria».

Mi ritrovo addosso uno stupore *benvenuto* per come questo nostro discorrere abbracci l'intero universo del vivente da tutti gli angoli del respiro della vita.

Colmegna rammenta l'esortazione alla tenerezza del cardinal Martini che riprende il tema della fratellanza, dell'esser *fratelli di tutti*, di una nuova eticità: «Questo è il colore della fraternità che rischia di essere disperso da una cultura della violenza». Nelle sue parole c'è l'invito a un ritorno alla tenerezza e al sentimento che l'enciclica di papa Francesco *Dilexit nos*, dedicata all'amore umano e divino *del Cuore di Gesù*, richiama: «Il suo cuore aperto ci precede e ci aspetta senza condizioni, senza pretendere alcun requisito previo, per poterci amare e per offrirci la sua amicizia».

L'immagine biblica che don Virginio propone è quella dell'arcobaleno dopo il diluvio. «L'arcobaleno è il segno di una promessa che Dio fa a Noè e a tutti gli esseri viventi, al termine del diluvio universale: che una simile distruzione non si ripeterà mai più. Abbiamo bisogno di amore.»

Una convinzione che ci accomuna nell'urgenza di ricostituire quei sentimenti che il linguaggio violento dell'emarginazione e dell'odio rischia di spegnere, soprattutto pensando ai poveri, ai fragili, ai deboli il cui grido la Casa della Carità di don Colmegna ha saputo accogliere: «Il grido dei poveri non è un grido di lamentela, è un grido di sogno, esprime la capacità di sognare ancora».

Ma le parole di Colmegna rincuorano: «Non si può perdere il filo della speranza. Abbiamo bisogno di pensiero, di bellezza, di ripensamento, di custodire i sentimenti di tenerezza e mitezza. E questo giubileo è un ri-gustare il senso della fraternità, dell'umanità che si stava perdendo.

La *Laudato si'* di papa Francesco ha ascoltato il grido dei poveri. E le ultime sue parole, "che le nostre lotte e la nostra preoccupazione per questo pianeta non ci tolgano la gioia della speranza", ci spronano a coltivare la speranza, colore verde che entra a irradiare e attraversare tutti gli sguardi».

Ecco che la bellezza diventa allora un sogno reale, specie se ritorniamo a quell'idea di foresteria, di monastero, che don Colmegna ci invita a custodire.

E la custodia implica attenzione, riguardo e premura.

A pensarci bene, lo sguardo anonimo che molti di noi rivolgono all'altro è strettamente legato all'indifferenza con cui guardiamo al mondo minerale, nel quale pure siamo completamente immersi e dal quale dipendiamo. È anch'esso un vivente, sebbene ce ne accorgiamo solo quando un'inondazione o un'eruzione vulcanica ci ricordano che la nostra esperienza è fatta di relazioni anche con questa parte, come ci ha spiegato, nel corso del nostro dialogo a Morimondo, Annastella Gambini, docente di Didattica della biologia per insegnanti di scuola primaria e dell'infanzia all'Università degli Studi di Milano-Bicocca.

Il suolo è la membrana della Terra, ma è un ecosistema trascurato. Andrebbe considerato un organismo vivente, che contiene molte varietà. Non esistono viventi che non siano *bio-diversi*. La biodiversità è intrinseca alla vita; si è formata, dicono gli scienziati, insieme alla vita stessa. Varrebbe quindi la pena di accostarsi con più rispetto a questo pavimento che ci sorregge, per proteggerlo e conservarlo. Non annientarlo, come stiamo facendo. E per farlo, bisogna, prima di tutto, conoscerlo.

Pensiamo, ad esempio, alle foreste equatoriali, uno degli ambienti (insieme alle barriere coralline e ai suoli) a più alta biodiversità sulla Terra, una fascia che circonda la zona dell'equatore e che sostenta gran parte della nostra vita, ricca di piante straordinariamente numerose e impenetrabili.

Lo sguardo sale verso l'alto e incontra strati di fogliame dalle indescrivibili forme e dalle infinite sfumature di verde, marrone, grigio, in contrasto con le sottili aperture da cui si scorge il cielo. Ogni strato della foresta è abitato da inquilini diversi: serpenti, uccelli, scimmie, insetti di ogni specie. Se qui è evidente il fervido brulichio della biodiversità, ci sono altri contesti in cui, pur essendo molto elevata, non ce ne accorgiamo, perché non possiamo vederla. Le alghe monocellulari, nell'acqua, sono visibili solamente al microscopio, e soltanto dal Seicento, ossia da quando Antoni van Leeuwenhoek, un commerciante olandese di tessuti, inventa il primo microscopio, uno speciale sistema di lenti che gli consente di appurare se le stoffe che compra nei Paesi asiatici, e che poi lui rivenderà, siano originali o no.

Un'altra forma di biodiversità è quella all'interno delle specie. È quella forse che ci riguarda più da vicino, perché anche noi siamo tutti diversi. Innanzitutto il nostro patrimonio genetico deriva per metà da nostro padre e metà da nostra madre, e questa unicità accade per tutti, tranne che per le api di un alveare. Qui sono tutti figli, cloni, della stessa ape che quando depone le uova, la prima volta, lo fa in conseguenza di una fecondazione esterna e quindi di uno scambio genetico.

La biodiversità è anche l'input, il motore dell'evoluzione biologica, perché quanto più un ecosistema è diversificato, tanto più è probabile che alcuni organismi possano sopravvivere e prosperare anche in condizioni avverse, garantendo la continuità della vita nel tempo. E una delle definizioni di vita, ancora molto dibattuta e controversa a livello internazionale, è che contraddistingua le specie che possono evolversi. Se non c'è evoluzione non c'è vita.

Quando poi, ad esempio, le condizioni ambientali cambiano in modo drastico, gli individui che hanno certe mutazioni sono avvantaggiati rispetto a quelli che ne sono privi, e dunque vanno avanti.

Ma attenzione: la biodiversità è pure il risultato dell'evoluzione naturale, anche dell'ambiente, e potrebbe influenzare il patrimonio genetico di un individuo che può a sua volta essere trasmesso alla sua discendenza. Parliamo allora di epigenetica.

Due sono dunque le ragioni per cui bisogna preservare la biodiversità: una risiede nel futuro, l'altra nel presente.

Per quanto riguarda il futuro, perché, distruggendo la biodiversità specifica, non sappiamo che cosa perdiamo. Nelle foreste o negli oceani ci sono specie che ancora non conosciamo. E se pensiamo che il 40% delle medicine proviene dalle piante (alcune anche da piante non coltivate, che vivono in ambienti naturali come la foresta), ecco che è facile comprendere come sia concreto il rischio che ci si precluda la possibilità di accedere a tutta una gamma di eventuali proprietà medicamentose inesplorate.

La seconda ragione, legata al presente, è che gli eventi naturali che stanno accadendo su questo pianeta potrebbero essere in parte superati da individui portatori di una variabilità tale da risultare fondamentale per il proseguimento della specie. Nel caso di specifici eventi drammatici, ad esempio, è parso che alcuni individui dessero prova di una resistenza-adattamento «miracolosi» alle sfide della natura. Un indice di mutamento?

Se il mutamento è alla base della vita, le relazioni tra gli uomini ne sono specchio fedele, nel bene e nel male, come ben sapeva san Benedetto e come ricorda don Colmegna, che trae spunto dalle parole di Annastella Gambini per riportarci alla realtà dell'abbazia.

«Benedetto» dice Colmegna «ha davanti a sé l'uomo. Ma l'uomo concreto, capace di creare cose belle, tanto quanto di sbagliare. E, nonostante tutto, Benedetto non rinuncia a farsi custode delle relazioni, intervenendovi anche con dei correttivi, agendo su quelle realtà che possono migliorare l'umanità.»

Ecco che ci si ripresenta allora la varietà del colore, il colore dell'umano, una varietà infinita di sfumature, da apprezzare, da valorizzare, da custodire, da integrare: «I colori che scopro, che trovo, possono piacere, possono anche non piacere. Non è detto che tutti i miei confratelli mi piacciano, però sono lì. E allora questa colorazione è la nostra avventura, l'avventura di essere davvero umani».

Ma non solo. Noi umani siamo viventi tra viventi (non dimentichiamolo!). Ed è sacrosanta la cura degli ambienti naturali, che dovrebbe però partire anche dalla considerazione che noi siamo dentro la natura, non fuori. Ed è facile concludere allora che, proteggendo gli ambienti naturali, gli animali, le piante, i funghi, i batteri, le alghe, non facciamo che proteggere noi stessi. Continuando nell'opera di depredazione e devastazione delle risorse della Terra, non sopravviveremo, neanche mandando gli uomini su Marte.

È qui, ora, che dobbiamo agire, instaurando finalmente

una relazione con gli ambienti naturali, con il vivente, la vita. Qui sulla terra, in questa casa comune dove cresciamo e ci conosciamo, dove tutto si tiene in una connessione vitale, siamo e dobbiamo restare custodi. Quando da custodi pretendiamo di trasformarci in padroni le conseguenze sono sotto gli occhi di tutti: malattie, guerre, devastazioni che si ripercuotono sull'umanità e sulla creazione tutta. Se invece siamo capaci di ricercare e trovare in noi stessi le caratteristiche migliori e di vita, riusciremo a trasformare l'arsenale della guerra in un bellissimo nido per le colombe.

IL FUTURO HA I SUOI COLORI

Don Colmegna mi soccorre ancora una volta, correlando il bisogno della bellezza, della cura, del custodire, a una gran voglia di futuro. I colori fanno desiderare il futuro.

Il futuro, i colori, la bellezza, come accordi di un'armonia universale.

E qui incontro anche un caro amico, Fabio Vacchi, compositore che ha sempre trasmesso con la sua musica la potenza e l'influenza della natura. Oggi il rapporto uomo-natura appare completamente ribaltato rispetto al passato, laddove l'uomo si rivela una minaccia per la natura, sentendosi autorizzato a utilizzarla e a modificarla a piacimento, senza rispetto. Mi chiedo se la musica possa fare qualcosa a riguardo, con i suoi strumenti: timbri, colori, tempi, ritmi. Biodiversità anche questa.

E a Morimondo confesso di aver sentito come vibrare tante corde. E se il colore delle macerie è grigio, si staglia chiaramente il colore dei monaci che hanno cominciato a costruire e a creare questi luoghi meravigliosi che sono le abbazie.

Qui si è vissuto non solo il rapporto di carità e di attenzione nei confronti di chi ha bisogno, ma anche quella relazione fondante che sorregge l'uguaglianza e che ti fa sentire di appartenere a un destino comune di un'umanità colorata, distinta e distante dal grigio di guerra e di macerie di cui riceviamo continuamente notizie e immagini.

Un mondo che cambia velocemente, al punto che non siamo più capaci di immaginarne il futuro mentre avremmo un grande bisogno di saper pensare o figurarci invece proprio quel «tempo che va al di là» e che una recente indagine condotta sugli interrogativi che si pongono i giovani in materia di fede mostra che stiamo dimenticando. È questa ulteriore linea di pensiero che manca: l'*oltre.*

Eppure l'oltre – aggiunge don Colmegna – è una dimensione in cui ci siamo calati e che sempre più ci appartiene. Non ha il colore della gloria e della fama, semmai, troppo spesso, quello della paura. Guardiamo all'oltre come a un impegno anche di sopravvivenza: se è vero, ad esempio, che proprio questa nuova attenzione per la cura e la custodia del vivente – siano le api come il prato, la libellula come il bambino – e del suo futuro diviene una responsabilità che non possiamo permetterci di scansare.

Lo abbiamo imparato dai primi passi dello studio dell'ambiente, da quel documento immaginifico redatto da un gruppo di intellettuali visionari, guidati da un imprenditore, Aurelio Peccei, il Club di Roma. Era il 1968. Di lì a poco, con un testo fondamentale, *I limiti dello sviluppo* (1972), sarebbe nata l'ecologia, una disciplina e un'etica votate alla responsabilità verso il futuro. E anche se, per pudore, cerchiamo di nascondercelo, c'è un estremo bisogno di un'umanità che pensi il futuro, che custodisca il futuro. Anche per noi. In modo che dei genitori possano sperare che il figlio portatore di handicap sopravvivrà loro e che non vivrà solo. Lo stupore quindi è questo, l'oltre. E certo ciascuno può credervi come può, se può, se vuole.

La fede ci proietta verso il futuro, non ha nostalgia di un passato che non c'è più. È l'insegnamento del cardinal Martini che Colmegna custodisce e che vuole consegnarmi.

Il cardinale ci ha insegnato la gratuità, il dono: «Si consuma tutto. Manca, e dobbiamo riprendercela, questa gioia della gratuità».

C'è un oltre che per lui è indicibile, che è un dono: «La vita è un dono. Ve lo dice uno che sa che sta per compiere ottant'anni ed è segnato dalla fatica. E però è pieno di voglia di vivere. Il dono, la gratuità, rischia di perdersi. Abbiamo bisogno di futuro».

Ecco allora che, credenti o no, i colori della biodiversità hanno evidenziato un dialogo fecondo e necessario più che mai attorno a un *dopo* che è molto bello poter chiamare *oltre*.

Delle tante declinazioni che le religioni insegnano al nostro stare nel mondo, sotto diversi cieli e latitudini, trovo particolarmente vicina al mio sentire questa del monachesimo, perché combatte con onore l'idea di finitudine e il sentimento di ritiro e di rinuncia che le ragioni della scienza in conclusione ci trasmettono. È come stendere su ognuno di noi un velo che nasconde e quasi irride l'impegno e l'etica che ci avevano attraversato.

Il monachesimo invece insegna a tutti noi come sia grande e persino eroica la responsabilità di preparare al meglio un domani per coloro che verranno, non solo per i nostri congiunti, ma per tutti.

Sta qui la bellezza del dono e, per quanto fitta sia, scommetto che questa nebbia che avvolge la sera di Morimondo non potrà mai essere di solitudine.

7.
Conviviali di vino e di birra

> [...] se capita che la vendemmia non abbia ben risposto alle cure del vignaiolo, si prodiga di offrirsi come bevanda ai fratelli, e, in mancanza di succo d'uva, sopperisce a ciò con il frutto della festuca [luppolo, cioè birra]*.

FOLLINA. IL NODO DELLA COLONNA

Ai piedi delle Prealpi bellunesi, circondata da colline di origine morenica, trionfo di viti e frutteti, Follina ha attraversato periodi storici travagliati, da ultimo la Grande guerra. E proprio alla memoria di quel conflitto è legato il particolare affetto rivolto alla statua in pietra arenaria della Madonna del Sacro calice, realizzata, parrebbe, nel VI secolo nella Nubia cristianizzata, un territorio tra il Sud dell'Egitto e il Nord del Sudan, e portata a Follina dai monaci sfuggiti all'invasione araba. Nel giugno del 1918 il paese fu colpito da 264 granate, ma non si registrarono morti né feriti. Inoltre, tutti gli uomini partiti per il fronte tornarono a casa. Questa incredibile circostanza fu attribuita all'intercessione della Madonna, che da allora è oggetto di pellegrinaggio.

È qui, all'angolo sud-ovest del chiostro di Santa Maria di Follina, vicino a Treviso, che ho scoperto una colonna

* *Descriptio positionis seu situationis monasterii claraevallensis*, manoscritto del XII sec.

annodata – il termine tecnico è ofitica: dal greco *ophis*, serpente.

Padre Stefano Zanolini, abate di Chiaravalle Milanese (di cui Santa Maria di Follina è «figlia»), mi aveva spiegato che il nodo, nella simbologia medievale, rimanda alla circolarità, all'intreccio della vita comunitaria, della doppia natura umana e divina di Cristo.

La colonna annodata di Follina è costituita da quattro fasci litici, riuniti e fusi a formare un'unica colonna che reca a mezza altezza un grosso nodo. Una lapide commemora i nomi dei due costruttori, Arnaldo e Andrea, entrambi monaci, e dei due architetti, Zardino e Armano, segno che a Follina la cultura del costruire era di casa.

Questo elemento compositivo, che troviamo anche nel chiostro dell'abbazia di Santa Croce in Sassovivo, è un'ulteriore traccia che fa capolino lungo il nostro percorso, capace di riecheggiare una parola interprete di quella speciale relazione che *In cammino* promuove tra la materia e lo spirito: *intrecci*. Una parola che riflette il nodo simbolico delle colonne cistercensi, ma anche il solido legame che accompagna il crescere dei vigneti, la tessitura della lana che i monaci insegnarono alla gente del borgo (Follina deriva infatti dalla follatura della lana) o l'esito di una relazione che rende più continuo e a volte anche felicemente atteso il nostro vivere comune.

Se il termine «biodiversità» spande colori che illuminano la natura e il vivente in un pendolo che si rinnova, «intrecci» illustra un'attività e un rapporto con la vite, come pure la complessa relazione tra gli uomini, costringendoli e liberandoli insieme, in un dinamismo che li avvicina e li allontana senza posa.

Per l'occasione, per affrontare insieme tutte le sfaccettature di questa riflessione corale, ritroviamo Massimo Sebastiani, che invita a considerare quanto sia attuale e contemporanea la parola «intrecci», perché sono ormai decenni che parliamo di globalizzazione nell'accezione di interdipendenza, a volte anche con risvolti drammatici, come ci è successo per la questione dell'energia in conseguenza della guerra in Ucraina.

«Ormai nessuna pedina si può muovere senza che si registrino ripercussioni, e oggi è molto difficile pensare di poter essere sovrani – nel senso di totalmente indipendenti –, proprio in virtù del fatto che l'intreccio è sostanzialmente globale, e tra un po' sarà anche spaziale, se effettivamente a breve potremo fare delle gite su Marte.»

«Intrecci» ha un'etimologia un po' incerta, un'origine molto probabilmente greca, deriverebbe da *trix*, capello; perché gli intrecci, così come l'intrecciare, hanno come parola di origine «treccia». E treccia deriva appunto da *trix*. Poi c'è un'altra parola greca, *tricha*, che significa «in tre parti». Anche se i linguisti tendono a considerarla niente di più che un'affascinante assonanza, a ben vedere queste tre parti richiamano le trecce delle donne. Un'immagine assai interessante dal punto di vista simbolico, che rimanda a un'idea di potenza e di controllo insieme. Tanto è vero che, nella tradizione indiana, Shiva, nella sua funzione di *bodhisattva*, di maestro yoga, porta i capelli intrecciati e riportati sopra il capo. Perché quello è un simbolo del controllo che si esercita attraverso il rigore spirituale, la meditazione e l'autoriflessione.

E d'altra parte la treccia è diffusissima in tutte le culture, con significati specifici. Nelle società africane distingue i diversi gruppi della tribù, nella cultura slava è una manifestazione di libertà da parte della donna. La treccia rappresenta al tempo stesso il potere e il suo contrario, la libertà.

E ascoltando Massimo penso che stia proprio in questo riconoscere sempre nuovi e fecondi segni di contraddizione uno degli aspetti più affascinanti dell'andare a fondo nelle parole e dell'attività di scavo che comporta.

La storia dell'abbazia, detta «di Sanavalle» secondo il costume cistercense di rubare le parole alla natura, è un dispiegarsi dell'intreccio: prima di tutto con Chiaravalle Milanese e Cîteaux, e di conseguenza con gli Sforza e i Visconti e con il regno di Francia. In seguito, anche a causa di queste relazioni che infastidiscono la Repubblica di Venezia, da cui poi dipenderà, Follina viene ridotta a commenda.

Domenicani, benedettini, camaldolesi: è un susseguirsi e un'alternanza non sempre felice di gestioni e proprietà (anche di privati) fino alle soppressioni napoleoniche e all'istituzione a parrocchia che prepara il felice arrivo, nel 1915, dei servi di Maria.

Dichiarata basilica minore nel 1921, l'abbazia si staglia sopra un colle nel centro di Follina. Interpreta il senso profondo della comunità raccolta intorno a essa, nel cuore della marca trevigiana. E Follina sente questa basilica come propria. La frequenta, la conosce, la condivide. Anche per il fatto che l'abbazia non è solo monastica, ma da oltre cento anni è appunto parrocchia, quindi inserita in una diocesi e all'interno di un percorso di comunità molto speciale. Nella chiesa, infatti, dal 2015, è sepolto padre Anacleto Milani, che è stato priore, parroco e anche sindaco di questa comunità, il suo «intreccio» per eccellenza. Anacleto si è preso cura del recupero, della rivisitazione, del restauro di questo sito che era ormai in condizioni di serio degrado.

Ma non potremmo parlare di intreccio se, a propria volta, la comunità follinese non riconoscesse nella dimensione ecclesiale uno spazio di accoglienza della sua avventura civile. Tale per cui, nel 1921 o nel 1933, l'abbazia ospita anche il monumento ai caduti.

In cosa consiste la robustezza dell'intreccio di Follina? Il paradosso di questa abbazia è che – pur nella sua apparente solitudine, nella potenza della libertà del suo spirito – è sempre stata un punto di riferimento, un centro aggregatore denso di presenze che hanno lasciato un segno che il tempo non sbiadisce.

Per Marco Zabotti, direttore scientifico e vicepresidente dell'Istituto Beato Toniolo di Vittorio Veneto, «è stato "il luogo verso cui le persone vanno", direbbe Giovanni XXIII»: la fontana del villaggio, la straordinaria fontana che è qui al centro del chiostro, che ha recuperato spesso le persone, i desideri, le ricerche di pace, la voglia di riflettere, la potenza dello spirito. E quell'intreccio, di spirito, di carne e di pietre che padre David Maria Turoldo illustra nella sua poesia *Dialogo della Chiesa*, laddove scrive: «Archi, capitelli, colonne, / voi non siete che forme dello spirito, / la sintesi».

«Queste pietre» racconta Marco «sono il sintomo di una contraddizione e nello stesso tempo la materia viva di questo intreccio tra le persone e la straordinaria avventura dell'abbazia che ha spesso ospitato il dialogo tra una componente religiosa e una laica. Facendo da sfondo, negli anni settanta e ottanta, agli incontri-dibattiti tra Andrea Zanzotto e lo stesso David Maria Turoldo. Uno straordinario incontro tra due personalità importanti del mondo della cultura, nel rispetto reciproco, l'uno cantore anche di un impegno civile legato al paesaggio, l'altro interprete di un'inquietudine verso il tema della fede cristiana. L'abbazia ha saputo proporsi come luogo di intreccio tra mondi e persone in un dialogo che ha poi per certo arricchito profondamente tutti.

«Che cos'altro vuol dire *intrecci*? Che forse dobbiamo accettare, nella nostra fragilità, quella della condizione umana, che ci sia una matassa che noi non riusciamo a sbrogliare. Domande cui non sappiamo rispondere. E allora l'abbazia, oggi, può rappresentare un invito a fermarsi e voler sostare per ritrovare il senso dell'umano. Una sfida per un nuovo umanesimo che recuperi il primato della persona. Come è stato degli amanuensi che hanno riscritto le storie della classicità. Dobbiamo allora riprendere, forse proprio qui, il senso di una storia, ma anche di un alfabeto di pensieri, di emozioni, di relazioni.»

Le relazioni appunto. Perché noi paradossalmente viviamo, in questa abbazia, il senso di una benigna solitudine (Quanto abbiamo bisogno di sostare qui anche da soli per recuperare quel sentimento perduto di umanità!). Ma nella vita di ogni giorno – perché questa abbazia è vita di ogni giorno che fa incontrare le persone –, abbiamo tutti bisogno di vincere le solitudini che stanno inaridendo i cuori, per ritrovare il senso profondo della comunità.

Dagli incontri con le tante straordinarie persone che incrociamo lungo il percorso di *In cammino* si innescherà una sorta di disseminazione virtuosa?

Torna a riproporsi la domanda che mi accompagna ogni volta che, sia nel mio passato giudiziario, sia nel mio presente teatrale, mi trovo a contatto con le arti e i temi della cultura.

Di fronte a una persona continuo a domandarmi: davvero pensiamo che sia ancora possibile trarre qualche conclusione che sia di unità e non di disgregazione?

E ritorno a «intrecci», che continua a farmi pensare all'avvolgersi su se stesse delle viti, delle trecce delle fanciulle, delle ragazze o delle donne in generale. A tutte queste e tante immagini che sono, per lo più, immagini positive. Soprattutto se, come ora mi accade, penso all'intrecciare non soltanto come a una forma conclusa, un esito, ma come a un movimento, un divenire cui partecipare con la trepida intenzione di costruire.

E, d'altra parte, quale sarebbe l'alternativa? Un'eterna solitudine, l'incapacità di collaborare, di esprimere ciò che chiamiamo l'intreccio tra le persone, tra i mondi, tra le realtà.

Ecco perché è tanto importante la riflessione e il confronto sulle parole, sul linguaggio; perché molto del nostro futuro dipende dalla capacità di trovare le parole giuste, di rinverdire e ravvivare il dialogo.

Da inguaribile ottimista, sono del parere che sapremo coltivare ancora la capacità di intrecciare le nostre vite verso un bene comune, perché tutte e ognuna, a suo modo preziosa, costituiscono l'armonia del mondo.

Del resto l'intreccio del monachesimo, che qui ha trovato una realizzazione, è stato straordinariamente riuscito, raggiungendo un esito che raramente ha trovato nella storia dell'umanità una tale armonia.

Figura metaforica dell'intreccio tra materia viva e spirito, nell'incontro tra la vite e il tempo dell'uomo, è il mestiere del vignaiolo. Votato a sognare di produrre un capolavoro del gusto, affidandosi a una materia fatta di grappoli e di terra, per lui probabilmente intrecci significa pazienza, ma anche caparbietà. E potatura della vite, effettuata nei mesi invernali in cui la pianta è a riposo e la sua capacità cicatrizzante è più elevata rispetto al periodo vicino al germogliamento. Un'operazione che un detto contadino riassume così: «Tagliami quando non piango, legami quando non vedo». Tecnicamente, dopo la capitozzatura iniziale la pianta viene modellata, attraverso potature e intrecci dei rami lasciati, fino a costituire una «gabbia», come viene chiamata dagli agricoltori, una struttura di contenimento e protezione per il contadino al momento della raccolta dell'uva. E più la pianta è grande e forte, meno andrà tagliata; al contrario, più è giovane e debole, più la si poterà.

Viti e vigneti, preziosi per la Chiesa – il vino è simbolo assoluto della celebrazione eucaristica – e non solo, hanno impegnato il monachesimo in una attenta e meticolosa sfida alla perfezione. Follina, ad esempio, vanta un'esperienza secolare che ha condotto progressivamente il suo territorio a seguire e scegliere una vocazione specialistica, quella della coltivazione del Prosecco. Scelta sancita nel 2023 dal patto che il Consorzio Conegliano Valdobbiadene ha lanciato con l'ingresso e l'aiuto di tutti i suoi quindici comuni.

Ne deriva anche la valorizzazione della relazione abbazie-territori, incentrata sui prodotti e sui paesaggi all'insegna della sostenibilità. E consente di seguire da vicino i passaggi e i cambiamenti che la viticoltura registra in questa parte del Nord-est italiano, che fino al primo Novecento ha ereditato dai mondi etrusco e romano la tecnica delle alberate, con cui, in sostanza, si «marita» la vite all'albero, di solito il gelso, sviluppando la coltivazione in altezza e lasciando libero il terreno per altre colture, per lo più cerealicole.

Il ricorso al ciglione, una forma di terrazzamento a gradoni, rende poi possibile la coltivazione della vite anche su colline molto ripide, pure laddove non si possa disporre di sassi per fare muretti a secco, così come accade in altre regioni.

Oggi la tecnica delle alberate è quasi sparita. Il Prosecco, nelle colline di Conegliano e Valdobbiadene, è il vitigno ormai preponderante, oltre il 50%, pur in presenza ancora delle antiche varietà autoctone. Ma per mettere a coltivazione tutte le colline del trevigiano ci saranno voluti cinquanta-settant'anni.

La prima grande trasformazione si registra già nel 1930, quando, nella zona di Susegana, un po' più pianeggiante, cominciano a comparire i vigneti specializzati. Bisogna arrivare agli anni ottanta, però, per riscontrare una decisa crescita della superficie di questa denominazione: anni in cui si compie la transizione da una viticoltura «del sabato e della domenica», che divide la manodopera con la fabbrica, a una viticoltura che comincia a credere che le colline possono avere un futuro e dare un prodotto importante. È un periodo di intensa vigoria, con il vino italiano in pieno boom delle esportazioni, e metà di quello che si beve negli USA è prodotto in queste colline. Ecco allora che la viticoltura prende il sopravvento rispetto ad altre colture. Le aziende di trasformazione registrano un balzo in avanti e poi, via via, un'ulteriore crescita fino al 2024. Oggi le cantine sono oltre duecento, contro le 46 del 1964.

Nel 1990 l'espansione della viticoltura obbliga a comprimere tempi e costi, a fronte di una manodopera insufficiente. Come in Toscana e in Friuli, anche i vigneti del Prosecco devono essere meccanizzati, ma non si ha alcuna esperienza in merito. Alle soglie del 2000, la qualità è una strada obbligata per il vino italiano. Necessita di impianti sempre più specializzati, che siano però anche gestibili e compatibili con vigneti di più ampie dimensioni: filari rettilinei, senza ostacoli. La scarsa esperienza porterà a commettere degli errori, ad esempio, negli sbancamenti, che causano al suolo la perdita di tipicità e della sua struttura originaria. Fino a quando ci si renderà conto che si sta perdendo proprio il meglio del valore di quello che i francesi chiamano il *terroir* del suolo: un appezzamento ben delimitato, dove le condizioni chimiche e fisiche del terreno, e la sua esposizione ci regalano un vino dalle caratteristiche uniche.

I vigneti di oggi sono di piccole dimensioni, filari sempre di traverso a richiamare il ciglione, intervallati; si lasciano e si rispettano le porzioni più importanti da un punto di vista anche naturalistico con presenza di drenaggi-raccolta delle acque.

Nel 2009 tutta la viticoltura di collina acquista la denominazione DOCG, lasciando la DOC all'area di pianura e si comincia a parlare realmente di *sostenibilità*. Cambia anche il ruolo delle associazioni dei produttori, non più soltanto garanti della qualità del vino e impegnati nella tutela dell'immagine, ma anche promotori e ideatori di attività volte a preservare l'ambiente. Così nel 2012-13 si dà vita al protocollo viticolo, un documento che indica quali molecole usare e quali evitare per ridurre l'impatto ambientale. Ci si muove insomma sempre più verso un'idea di qualità da proteggere ed esaltare, mettendo a fattor comune tutte le conoscenze scaturite da una profonda esperienza.

«Ormai conosciamo talmente bene il nostro territorio» afferma Diego Tomasi, direttore del Consorzio di tutela del Conegliano Valdobbiadene Prosecco DOCG, «da averlo diviso in 43 rive; ognuna ha un suolo e un microclima particolare; in bottiglia, in etichetta si scrive "Riva di Bertoldo" o "Riva di Pieve di Soligo". L'obiettivo per il futuro è far coesistere viticoltura, paesaggio, autenticità e sostenibilità. La sostenibilità è l'unico nostro futuro. Ma come mantenere la biodiversità di questo territorio, composto da 30% di vigneti, 57% di bosco, 9% di altre coltivazioni e 4% di urbano, che l'UNESCO ha messo ben in evidenza? Ad esempio, bloccando già dal 2019 la possibilità di nuovi vigneti. Anche l'UNESCO, del resto, ci impone di conservare queste percentuali, di preservare l'equilibrio. E dunque l'obiettivo primario non è più il numero di bottiglie; in futuro bisognerà comunicare i valori di questo Conegliano Valdobbiadene: l'unicità, l'autenticità, la distinzione, ma soprattutto la sostenibilità.»

L'accento posto sull'importanza del paesaggio permette di scoprire una nuova frontiera in questa riflessione sull'intreccio tra materia e spirito. A tutta prima, potrebbe sembrare un assurdo: se si parla di suolo – se si dà così tanta importanza alla sua conservazione –, di clima e di varietà, cosa c'entra il paesaggio, qualcosa di così immateriale, di così sentimentale...? Tomasi, invece, aggiunge una notazione che spiega assai bene quanto sia rilevante associare il gusto di un prodotto alla bellezza del paesaggio che lo accoglie: «Mi aveva illuminato la lettura del *Dono oscuro*, il libro di un teologo, John Hull, che, divenuto cieco all'età di quarantotto anni, descrive gli aspetti positivi della sua nuova condizione. Ma, accanto a questi, sottolinea anche due grandi rimpianti, per non aver mai visto il viso del suo ultimo figlio e per non provare più alcun piacere nel mangiare. "Sono dimagrito di trenta chili, ma non vedendo quello che ho nel piatto, non ho nessun piacere a mangiare"».

A voler testimoniare quanto la vista sia per noi il senso che produce più desiderio e più attesa.

IN PRINCIPIO FU LA BORGOGNA

Ho sentito molto parlare delle suore di clausura del monastero cistercense dei Santi Gervasio e Protasio, sempre in queste colline trevigiane, a San Giacomo di Veglia. Lavorano l'orto, un campo di lavanda, un frutteto, una bella e grande serra di aloe, da cui ricavano sciroppi, oli essenziali e creme. Questo confina con la vigna dove producono un Prosecco DOCG. Dal 2018 la badessa è suor Aline Pereira, brasiliana di Macapá, laureata in economia, che mi fa da guida in questa visita. Qualche tempo fa mi è capitato di leggere una sua dichiarazione: «Clausura non fa rima con chiusura».

Non solo qui, ma guardando in generale all'ordine cistercense della stretta osservanza, meglio conosciuto come ordine trappista, anche in altri contesti sono le monache a promuovere l'eccellenza vinicola. È il caso del monastero di Vitorchiano, nell'Alto Lazio, in provincia di Viterbo, la cui comunità, che conta ottanta suore, ricava da uve Trebbiano, Malvasia, Verdicchio e Grechetto due bianchi di grande personalità: il Coenobium e il Coenobium Ruscum, quest'ultimo macerato sulle bucce per almeno quindici giorni. Basta e avanza perché entrambe le comunità entrino a far parte del nostro bellissimo intreccio.

Il vino è la bevanda essenziale della liturgia cristiana e dell'ospitalità. Dopo la furia distruttiva delle invasioni barbariche e la caduta economica, spirituale e sociale del Sacro romano impero, il contributo degli ordini monastici alla viticoltura è stato indubbiamente rimarchevole. Dal loro impegno è scaturita, attraverso tanti piccoli monasteri, una rete di produzione e di distribuzione che nel tempo si è avvalsa del contributo, del sapere accumulato e della competenza di questi «padri della vigna», maestri del lavoro di selezione dei cloni, dei primi studi ampelografici, di forme avanzate di coltivazione e vinificazione. Non solo. La comunità benedettina nomina un *praepositus*, cioè un monaco in alto grado, ufficialmente preposto alla cura del vigneto.

Dobbiamo quindi agli ordini monastici la cura e la produzione di tanti vini, molti dei quali ho avuto modo di conoscere sul mio cammino. A partire dalla Francia medievale con le sue oltre quattrocento abbazie benedettine e le duecentocinquanta cistercensi. La Francia eredita il *vigneto gallico* curato dalle legioni romane già nel I secolo e dà vita a una tradizione secolare che il monachesimo sviluppa soprattutto in Borgogna con i cistercensi. Il loro primo vigneto, di Meursault, viene donato all'ordine dal duca di Borgogna, il giorno di Natale del 1098. Ben presto la proprietà raggiunge i cinquanta ettari e, in virtù di una graditissima fornitura annuale dai domini di Beaune e da Gevrey-Chambertin, saprà garantire all'ordine monastico un rapporto privilegiato e invidiato con la corte papale di Avignone.

Non dimentichiamo però che l'«apertura al vino» aveva rappresentato una rivoluzione dei costumi alimentari nel monachesimo. Ne è protagonista san Benedetto, che ammette il vino a tavola oltrepassando per la prima volta il confine della stretta osservanza monastica, che pure in qualche modo omaggia quando osserva come l'astinenza dal vino sia un dono che proviene dall'alto, che non va imposta come obbligo, ma proposta «come sacrificio meritorio dinanzi a Dio».

Il consumo del vino, quasi mai bevuto in purezza ma mescolato con acqua calda, conosce inoltre diverse deroghe, ad esempio quando si debba combattere la fatica e la calura estiva. D'altra parte, per l'ordine, il vino è un dono speciale di Dio e se ne ha conferma nel motto che recita: «*Qui bon vin boit, Dieu voit*» («Chi buon vino beve, Dio vede»).

Il commercio delle eccedenze di vino rispetto al consumo del monastero risulta regolamentato da norme precise fin dalle prime sessioni del Capitolo generale ed è affidato a intermediari laici: una rete di distribuzione rappresentata da negozi al di fuori del monastero o nelle città.

I cistercensi piantano ovunque estesi vigneti, ciò che li qualifica come i più grandi viticoltori e commercianti di vino dell'Europa dell'epoca. Cîteaux, l'abbazia madre, mantiene fino alla Rivoluzione francese il primato di una qualità insuperabile con il vigneto di Clos de Vougeot, accanto al quale viene costruito un *cellier*, cioè una cantina, e una *cuverie*, l'edificio per la vinificazione: la leggenda narra che qui i monaci abbiano «assaggiato il terreno» per determinarne l'idoneità alla viticoltura e per piantare le varietà d'uva più adatte.

Nel 1330 lo recingeranno con un muro (da cui il nome: Clos) per proteggerlo dai parassiti animali e dall'incuria del tempo, e costruirvi nel 1551 il castello. Siamo in Borgogna, un vero e proprio mosaico di vigneti racchiusi in recinti – i *climats* – che ne disegnano la proprietà e soprattutto la qualità.

Sono quasi 1.500 i *climats* dei vigneti di Borgogna, per lo più lungo la Côte-d'Or, una lingua di terra nella regione centro-orientale della Francia, da Digione per più di 60 chilometri di lunghezza fino a 3 di larghezza. Ogni *climat* conosce un pendio, per il drenaggio, un terreno argilloso e un sottosuolo di pietra calcarea o marna. E si distingue inoltre per l'esposizione al sole (nella Côte-d'Or l'orientamento è verso est), per la storia che per alcuni risale al Medioevo e per il miracolo del suo intreccio irripetibile e originale tra microclima (dalle caratteristiche submediterranee) e terreno.

A celebrare questa storia, ma anche il suo presente, la Cité des Climats et vins de Bourgogne, il museo dei *climats* sui *cru** della Borgogna, con i tre siti di Beaune, Chablis e Mâcon, uno splendido edificio a forma di viticcio dell'architetta Emmanuelle Andreani che ho visitato e ho potuto apprezzare grazie a Olivier Le Roy, direttore della Cité, di fatto il cuore dell'enoturismo francese, un po' come la Cité

* *Cru* indica un tipo specifico di vigneto – cresciuto in una determinata zona – dal quale si ottiene un vino particolarmente buono.

du Vin di Bordeaux. Sono cinque le sottozone che la distinguono (Chablis, Côte-d'Or, Côte Chalonnaise, Mâconnais, Beaujolais).

Ma la connessione tra mondo del vino e monachesimo non si limita certamente alla Borgogna.

In Germania bisogna guardare alle abbazie cistercensi della regione del Reno e della Mosella, favorite nella commercializzazione dalla presenza del fiume. La più attiva fu Eberbach, nei dintorni di Magonza, a cui, nel 1135 fu donato meno di mezzo ettaro di terreno incolto, situato sui ripidi fianchi di una collina, che diventerà il vigneto Steinberg, uno dei più antichi della Germania. Innanzitutto i monaci crearono dei terrazzamenti in cui piantarono vitigni importati dalla Borgogna, tra cui il Noirien e il Fromenteau, gli antenati del Pinot nero e del Pinot grigio. Attorno al 1232, Steinberg divenne interamente di loro proprietà, con il risultato di venticinque ettari dedicati alla coltivazione del Riesling.

Quanto all'Italia, vi sorprenderà a Venezia la chiesa di San Francesco della Vigna, nel sestiere di Castello, opera di Jacopo Sansovino e Andrea Palladio; con dipinti e affreschi di Paolo Veronese, Giambattista Tiepolo e Giovanni Bellini. Il nome di questo gioiello rinascimentale si deve appunto al fatto che vi sorgevano i più antichi vigneti di Venezia (XIII secolo), i più estesi e fecondi della città, dove ancora oggi si produce l'Harmonia Mundi, da viti di Teroldego e di Refosco del Friuli coltivate all'interno del convento. L'incanto della città lagunare si gioca sull'acqua che l'avvolge; la stessa che i nostri amici monaci sapranno imbrigliare, risalendo il Po, nella grande pianura che adesso ci accoglie.

Poggia il mento sulla zappa, frate Alberico, mentre spinge lo sguardo verso quell'orizzonte di prati rubato dai suoi fratelli, quasi un millennio fa, alle paludi. Prima che la ferrovia lo attraversasse con una rumorosa ferita.

Sono con lui a Chiaravalle Milanese, l'abbazia cistercense che lo ospita, fondata da san Bernardo nel 1135 con l'intento di riconsegnare il monachesimo alle sue origini. «Non sono necessarie molte cose per fare l'esperienza di Dio» deve aver pensato. E guarda all'essenziale: nel culto liturgico, nell'orazione, nel vestire, nel cibo, negli spazi in cui vivere. Nella stessa architettura, con la rinuncia a qualsiasi tipo di decorazione: il chiaro e il semplice ne disegnano la nuova forma.

I cistercensi puntano sulla vita solitaria (il deserto di questi nuovi eremiti è la foresta), lontani dalla mondanità e dalla politica. Per questo, a cominciare dall'abito, usano la lana grezza, che mantiene un colore chiaro e saranno chiamati *monaci bianchi* per distinguersi polemicamente da quelli di Cluny, i *monaci neri*, interpreti di un vero e proprio dominio economico, politico, culturale e artistico: un ordine a sé, votato a ostentare ricchezza e potenza.

Sono sempre più rapita da questo loro mondo, così amico della natura, a cominciare dai nomi dei suoi luoghi che si ispirano all'acqua, protagonista della simbologia cristiana: Fonfroide (*Fons frigida*); Aiguebelle (cioè acqua bella); Bonaigue (*Bona aqua*); Sénanque (*Sane aqua* o anche *Sine aqua*). Un'acqua che scorre lungo le valli (e allora Clairvaux, *Clara vallis* naturalmente, o Vauclair, Valsainte, Bellevaux, Bonneval e via dicendo).

Le ragioni di questa prossimità, figurata e reale, le ha illustrate padre Armand Veilleux, teologo e abate della trappista Scourmont dal 1998 al 2017, il quale, oltre ad aver fondato monasteri in Africa e Sud America, è stato più volte a Milano ai tempi del cardinal Martini in qualità di visitatore apostolico della comunità monastica di Viboldone. «Vicino a ogni monastero» ci ha spiegato in occasione della nostra visita a Scourmont «doveva esserci una fonte d'acqua. Si trattava di vivere in comunione con essa. L'acqua passava generalmente sotto il monastero, il suo corso poteva essere stato deviato, ma senza romperne l'armonia. Un caso tipico: nell'abbazia di Cîteaux, due corsi d'acqua si incontrano. L'uno, deviato, taglia perpendicolarmente l'altro che scorre in direzione opposta. Si incontrano, i due fiumi, ad angolo retto senza mescolarsi. Vivono in armonia la stessa acqua che sarà quella che beviamo, che servirà per cucinare, dentro cui nuoteranno i pesci, che noi useremo per lavarci ogni mattina quando ci alziamo, che porterà via i rifiuti e passerà lungo il lavatoio per sciacquare i nostri vestiti.»

Confesso di essere come rapita da questo incanto, questa trasformazione gentile del reale, del presente, fatto dal monachesimo medievale. E, come abbiamo già avuto modo di notare, in particolare, con l'acqua, di cui le abbazie hanno bisogno non solo per motivi spirituali ma anche economici, per sostenere e stabilizzare l'obiettivo dell'autosufficienza.

Preziosa e necessaria è pertanto una fonte d'acqua: per la pesca, per il lavoro agricolo, per la birra, che non era, come possiamo immaginare oggi, una semplice bevanda, in quanto offriva un'indubbia garanzia igienica. Non era infrequente il rischio che l'acqua cosiddetta «potabile» fosse contaminata, mentre la birra, dopo la bollitura richiesta durante il processo di fermentazione, non conteneva più germi ed era pertanto più igienica e salutare.

Per certi versi quindi, almeno un tempo, era molto meglio bere birra che acqua. Soprattutto nell'universo monastico, dove il consumo di birra non rappresentava una fuga dalla Regola, piuttosto un nutrimento fondamentale per mantenere salute e vigore durante i lunghi periodi di digiuno. Non a caso la birra era anche detta «pane liquido».

Tutto nasceva, ancora una volta, da una cura e un'attitudine sapiente al lavoro dei campi: in particolare alla pratica della rotazione triennale che comprendeva anche il luppolo, la cui coltivazione aveva rappresentato una delle prime attività di sostentamento per i monasteri, oltre a diventare ben presto essenziale per la produzione di birra. Una produzione che si giova, nel tempo, delle informazioni e delle notazioni che i monaci si scambiano, soprattutto attraverso i manoscritti, tenendo traccia di fallimenti e successi nell'instancabile percorso di affinamento delle tecniche, fino a poter codificare i caratteri originali delle birre d'abbazia: l'elevata fermentazione, l'alta gradazione alcolica e l'importante apporto nutritivo.

Questa tradizione, particolarmente radicata nella storia e nell'esperienza trappista, conta, in Belgio, cinque birrifici. Tre in Vallonia: l'abbazia di Notre Dame di Orval (birra Orval), l'abbazia di Saint Remy de Rochefort (birra Rochefort) e l'abbazia di Scourmont (birra Chimay). Per non dimenticare un'altra abbazia trappista: Notre-Dame di Koningshoeven, nel Brabante settentrionale, l'unico monastero olandese, insieme a quelli del Belgio, a potersi fregiare del marchio Authentic Trappist Product (ATP).

Se a Plankstetten avevo appreso i rudimenti sui pilastri culturali che fissano l'universo della birra, ho modo di approfondirli qui in Belgio, a Scourmont e Orval, e in Olanda visitando le abbazie di Koningshoeven e di Berne a Heeswijk-Dinther. Questi pilastri sono in sostanza tre. Il primo fa riferimento alla conoscenza tecnica della birra, cioè al sapere come viene fatta, per poter apprezzare davvero il prodotto. Il secondo è rappresentato dall'abbazia stessa, quindi dalla sua storia e dal suo dominio spirituale, straordinariamente importante e influente. Infine, il terzo ha a che fare con la socializzazione, vale a dire con il piacere che deriva dal gustare questa bevanda e dal gustarla in compagnia.

Qui a Scourmont, dove prende il via questa mia esperienza di birre trappiste, noto un dinamismo particolare messo in moto da tale impegno produttivo e imprenditoriale. Padre Armand Veilleux e i suoi confratelli sono interpreti di una filosofia improntata al rispetto dell'ambiente e delle risorse impiegate: si tende perciò all'azzeramento degli sprechi e all'utilizzo delle fonti di energia rinnovabile, eolica e biometano. La maggior parte dei profitti viene poi investita in opere di solidarietà e assistenza. Proprio accanto all'abbazia di Scourmont, dove un tempo sorgeva l'azienda agricola Albatros-Poteaupré, ha infatti preso corpo un centro residenziale all'avanguardia che può accogliere fino a cento ospiti diurni e offre corsi professionali e attività ricreative, culturali e sportive per adulti con disabilità. «Grazie alla birra» non posso fare a meno di commentare, e ne resto ammirata.

A Orval, un'altra capitale della birra trappista, padre Xavier Frisque, priore dell'abbazia, ci raggiunge durante la nostra visita alle rovine per illustrarci la storia della sua comunità monastica. Il complesso sorge in un incantevole contesto naturale accanto al fiume. E un documento del 1124 attribuisce a Matilde di Canossa la sua fondazione. Secondo la leggenda, ormai vedova e prossima alla morte, Matilde avrebbe smarrito proprio nel fiume Semois l'anello nuziale che poi le sarebbe stato restituito da una trota. Ecco spiegata l'espressione «valle d'oro» che, in seguito, darà il nome di Orval all'abbazia.

Sita accanto all'originario complesso monastico del XII secolo, distrutto da un incendio appiccato durante la Rivoluzione francese, Orval è stata costruita nel 1926 e ultimata nel 1948. Gli antichi muri perimetrali della chiesa abbaziale, ancora in piedi nonostante la scomparsa del tetto divorato dalle fiamme dell'incendio, ne testimoniano la maestosità, resa ancora più potente dall'azzurro del cielo sopra di noi. Una quercia secolare distende i suoi rami sul cortile principale che immette nel chiostro dell'anno Mille. L'acqua circonda questi territori e penetra all'interno della struttura monastica, famosa per la produzione di formaggi e della birra trappista che porta il suo stesso nome, Orval, e reca come marchio proprio il pesce con in bocca l'anello della leggenda di Matilde.

Trovo bello e confortante che sia una donna, Anne-Françoise Pypaert, ingegnera e maestro birraio di Orval, a introdurmi ai segreti di questa birra. E si comincia con l'acqua, un'acqua così pura da rappresentare, dicono, un antico rimedio per le ferite d'arma. È l'*eau d'arquebusade*, con proprietà miracolose – almeno così si lasciava intendere –, perché capace di curare le ferite della prima arma da fuoco, l'archibugio. Sembra che Francesco I di Francia abbia espressamente richiesto agli ordini monastici maestri di erbari, estratti e piante officinali di approntare una cura specifica per le infezioni della pelle e le ferite causate dagli archibugi. Il successo dell'*eau d'arquebusade* fu tale che vi si ricorreva anche, genericamente, per la cura del corpo.

Qui una sorgente fornisce l'acqua necessaria all'abbazia, alla birreria e al caseificio (che produce il formaggio Orval con latte vaccino intero, seguendo una ricetta dei monaci di inizio Ottocento). Il punto di captazione della sorgente si trova appena prima della fontana di Matilde di Canossa. La sorgente eroga circa sessanta metri cubi all'ora, acqua potabile e di alta qualità, senza tracce di pesticidi né di contaminanti. Se ne consumano 78.000 metri cubi all'anno sui quasi 100.000 che la regione Vallonia concede. E ciò significa fare attenzione alla quantità e cercare di ridurre i consumi.

Quasi tre quarti dell'acqua di sorgente vengono impiegati dalla birreria, un quarto dall'azienda casearia e il resto è utilizzato per l'ospitalità e il monastero.

La birreria produce 80.000 ettolitri di birra all'anno, che corrispondono a 8.000 metri cubi.

Anche la *fromagerie*, che produce 435 tonnellate all'anno di un formaggio il cui latte è raccolto nella Gaume, l'angolo più meridionale del Belgio, consuma molta acqua, utilizzata per i lavaggi e per il trattamento del lattosio. Ma la quantità di acqua necessaria per litro di birra o per chilo di formaggio è stata ridotta: ad esempio, si è passati dai 10 litri di venticinque anni fa, a circa 6. Grazie poi a una nuova linea di imbottigliamento e a una nuova lavatrice per bottiglie, il consumo si è ancor più ridotto, soprattutto tra il 2022 e il 2023. Risultato: molta meno acqua impiegata pur producendo molta più birra.

Per poter essere utilizzata, l'acqua subisce molti trattamenti: per eliminarne i batteri; per raffreddare la birra; per il risciacquo sia delle attrezzature durante i lavaggi, sia delle bottiglie. L'acqua di scarto finisce poi nei canali, trattata in una stazione di depurazione e successivamente filtrata e rilasciata nel fiume, dove sarà nuovamente monitorata per garantire il rispetto degli standard ambientali. Una seconda fase di trattamento si occupa delle acque reflue in modo più profondo per poi destinarle ai lavaggi industriali o ad altre necessità non alimentari.

Con le acque reflue è possibile generare energia. Un'energia positiva che abbiamo avvertito anche alla *brasserie* di Scourmont dove Ariane Dewulf, responsabile qualità del gruppo della birra Chimay, tiene a precisare che il percorso di produzione comporta «per un litro di birra l'immissione nell'atmosfera di 1,06 chilogrammi di CO_2, mentre ogni bottiglietta di birra, da 33 cl, è composta, per il 90-95%, d'acqua». Per questo motivo, oltre ad aver avviato una gestione responsabile della risorsa idrica, oltre a usare imballaggi ecosostenibili, la *brasserie* promuove progetti di piantumazione di nuovi alberi, sensibilizzando così la comunità e soprattutto le nuove generazioni ai temi della cultura ambientale.

Abbiamo già incontrato Notre-Dame di Koningshoeven, abbazia trappista fondata nel 1881 a Berkel-Enschot, a pochi chilometri dal confine con il Belgio. Un'avventura dell'anima che parte dalla Francia, nel 1880, e che ha per protagonista l'abate del monastero trappista di Sainte-Marie-du-Mont, nei pressi del Mont des Cats: bisogna trovare un posto sicuro per i monaci, al riparo dalle politiche anticlericali che si affermano definitivamente in Francia dopo la Rivoluzione francese e l'abate dà allora incarico a un suo confratello di cercare oltre frontiera. I monaci valutano e scartano l'ipotesi dell'Inghilterra, preferendo i Paesi Bassi e scegliendo di stabilirsi nei pressi di Tilburg.

L'abbazia viene «inaugurata» nel 1884, e dieci anni dopo conta già più di duecento monaci. La sua crescita continua fino agli anni sessanta del Novecento, poi Notre-Dame affronta una crisi di vocazioni, l'anzianità dei monaci presenti, le dinamiche di cambiamento delle professioni e dei mestieri: tutti mali assai noti che non le impediranno però di conoscere in seguito una stagione di ripresa, con la presenza a Tilburg di una comunità maschile composta da una ventina di monaci, fra i ventidue e gli ottantacinque anni.

Ma senza birra il ritratto di questo monastero sarebbe incompleto. La storia della birreria prende avvio nel 1884, con l'abate Nivard Schweykart, lui stesso figlio di un produttore, che inizia a brassare seguendo un processo di alta fermentazione e pochi anni dopo commercializza la birra con risultati che consentono di far compiere un balzo in avanti all'attività del birrificio. Dopo la Seconda guerra mondiale, una crisi di consumi e l'affermarsi di nuove birre (*pils*) convincono i monaci a cedere per dieci anni gli impianti al brand Artois, al termine dei quali il contratto non viene rinnovato. Nel 1980 riparte allora la produzione diretta. Il *brouwerij* (birrificio) amplia la propria gamma di birre e si affida a una nuova distribuzione ed esportazione, ma la crisi di manodopera interna convince infine i monaci a ritirarsi dalla produzione diretta, commissionandola a un altro marchio, questa volta olandese.

E dunque ecco La Trappe, una birra assai rinomata perché, come visto, Notre-Dame è il solo monastero olandese a potersi fregiare del marchio ATP. Ma non è questa l'unica sua particolarità: anche La Trappe è una birra ecologica e rispettosa dell'ambiente, ma i suoi monaci – unici in Europa – hanno adottato un sistema importante, originale e decisamente sostenibile per risparmiare e depurare l'acqua, grazie a una serra di filtraggio formata da settanta specie diverse di piante e felci, alcune di queste tropicali, le cui radici, con i microrganismi che contengono, purificano l'acqua e ne consentono anche il riutilizzo.

Ed è questa la ragione per cui, mentre a Follina la parola chiave che ha accompagnato la visita era stata *intrecci*, per le nostre riflessioni nei Paesi Bassi sarà *purezza*.

Come nella tappa di Berne, a Heeswijk-Dinther. Edificata nel 1134 e retta dai canonici premostratensi – conosciuti anche come norbertini, dal nome del loro fondatore, Norberto di Prémontré –, l'abbazia venne saccheggiata e devastata da un incendio nel XVI secolo, nel corso della Guerra degli ottant'anni, ed è stata poi ricostruita e ampliata in breve tempo verso la metà dell'Ottocento. Attualmente qui ci sono soltanto nove canonici, mentre una novantina di volontari si occupano del bookshop e del ristorante annessi al monastero. Una comunità unita e affiatata, che porta avanti l'eredità spirituale e materiale dei norbertini. Ad accoglierci a Berne, a nome dei volontari della comunità premostratense, sono stati Wim van der Heyden e Ton Groote Schaarberg. Ci hanno illustrato i metodi di produzione della loro birra che, sulla base di antiche ricette tramandate dai mastri birrai dell'abbazia, viene ora prodotta a Maastricht, in Belgio.

E a Berne mi ha raggiunto Alberico, sempre prodigo di informazioni che soddisfano, è il caso di dirlo, la mia sete di curiosità. Stavolta mi fa dono di due citazioni. La prima, attribuita a Martin Lutero: «*Vinum est donatio Dei, cervetia traditio umana*» («Il vino è dono di Dio, la birra tradizione umana»). La seconda è in realtà un affettuoso consiglio che invita a bere birra *ad satietatem* e non *ad ebrietatem*.

Ed è forse un monito che, scherzi a parte, dovremmo tenere a mente nel nostro approccio alle risorse. Per chi crede, l'ambiente è una creazione di Dio; ma per tutti, credenti e non credenti, è una risorsa comune che abbiamo ereditato e che dobbiamo difendere per onorare la nostra responsabilità verso il futuro. L'esperienza vissuta in queste abbazie, questo legame con il monachesimo, rafforza la convinzione che la religiosità, la spiritualità, il dialogo e la ricerca interiore siano intrecci che non solo non ostacolano la necessità di governare il cambiamento e di osservare ciò che il mondo è diventato, ma costituiscono anche strumenti importanti per tutti coloro che vogliono migliorarlo.

Con il loro impegno nei secoli, i monaci sono stati in prima fila su una frontiera di avvenire, tutelando l'ambiente, creando nuove forme di utilizzo dell'acqua, razionalizzandone il consumo. A Follina come a Chiaravalle, a Scourmont come a Orval, a Koningshoeven come a Berne, hanno contribuito a potenziare, migliorare, rafforzare una gestione sostenibile dell'acqua e a promuovere la cooperazione tra le diverse comunità, un passaggio fondamentale per costruire un futuro di pace e benessere per tutti.

8.
Giardini del corpo e dell'anima

> L'umanità è nata in un giardino.
>
> ILDEGARDA DI BINGEN

Tappa dopo tappa scopro la miniera di valori fondanti che proviene dal mondo delle abbazie.

Come sempre accade nel mettersi in viaggio, nel partire, un miscuglio di sentimenti mi assale. Frate Alberico se ne accorge e scruta questo mio preoccupato silenzio.

Ne approfitto per esporgli i miei dubbi, preda della sensazione che anch'io stia cercando nelle abbazie, come nei secoli del loro fiorire, un porto sicuro in cui ritirarmi, al riparo dal trambusto insensato del mondo di oggi. E inizio a chiedermi: «Esiste un simile luogo?».

Penso, ad esempio, al risveglio «cattivo» della natura, troppo a lungo sfidata, alle pandemie e alle guerre, alle grandi migrazioni.

Alberico sembra comprendere le mie ragioni, quanto mi spinge a quella che apparentemente potrebbe essere letta come una fuga, dettata dalla paura e forse dalla delusione. E però – mi consola Alberico – quella stessa scelta potrebbe essere figlia di un sentimento, ancora indistinto forse, un «fastidio» per ritrovarsi dentro questa umanità disancorata dai valori. Mi chiede invece da cosa nasca questo mio accostamento: «Ora come allora». È presto detto: per quanto distante sia il Duemila dal Mille, di quel primo millennio e dell'apocalittica e leggendaria attesa di una fine del mondo vedo un qualche riflesso. Esagero?

Questo nostro presente assiste muto a un lento sfarinarsi dell'Europa, al triste arretrare di quella che meno di vent'anni fa pareva una costruzione carica di futuro, orgogliosa della ricchezza dei suoi valori e soprattutto dei suoi mercati. Mentre ora accade che le nazioni che ne fanno parte strattonino la fune che le dovrebbe unire.

Le abbazie e i monasteri sono stati una risposta che veniva da un tempo senza dubbio diverso da questo, ma pur sempre la risposta a uno stato di inquieta e sanguinosa incertezza, alimentata da ondate di popoli nuovi che spuntavano dalle maglie di un impero dapprima decadente e poi definitivamente caduto.

Non so dire con esattezza se *In cammino* sia andare in cerca di una nuova speranza, ma sento il mondo delle abbazie come il riflesso di una speranza che, per quanto pallida, almeno invoglia a guardare avanti e ad avere fiducia: perché il loro passato potrebbe preparare il futuro.

FULDA. LA SACRALITÀ DELLA NATURA

Avevo tanto insistito con frate Alberico perché mi facesse conoscere un'esperienza *speciale* di monachesimo al femminile. E tanta è l'impazienza di soddisfare questa aspirazione, che è a un passo dal realizzarsi. Non prima però di averla inquadrata nella più generale cornice della cura del corpo e dell'importanza che riveste nel monachesimo. A cominciare dalle erbe e dagli orti. Dai giardini, protagonisti di questa ritrovata sacralità della natura che riattualizza pratiche antiche. Di questo ritorno di un'idea lenta del tempo, scandito dalle stagioni, geloso di un dedicarsi univoco e competente a una pratica che ancora qui, a Fulda, dove siamo stati a parlare di biblioteca e libri, ritroviamo in Gereon Becht-Jördens, direttore dell'Istituto Bibliotheca Fuldensis, il quale ricorda che «il Medioevo, e in particolare il fiorente monachesimo dell'epoca, riconosceva già un'etica della moderazione. Tuttavia, la sua giustificazione era molto diversa. Aveva origini religiose e fondamenti biblici. Il libro della Sapienza veniva invocato più volte: "Tu hai disposto ogni cosa con misura, calcolo e peso". L'intera creazione dell'Onnipotente è quindi destinata a essere ben ordinata. Misura, calcolo e peso stanno a significare la perfezione dell'opera divina della creazione, le cui parti, tuttavia, hanno i rispettivi limiti affinché possano inserirsi nell'insieme della creazione, occupare il loro posto e svolgere i compiti loro assegnati. Nella Genesi, Dio colloca l'uomo nel paradiso con il compito di curare e proteggere questa creazione ben ordinata.

«Sembra esserci già un'idea di sostenibilità, anche se non c'è né un concetto né una ragione. In fondo, l'eccesso appare contrario alla creazione e quindi in contraddizione con la volontà di Dio. L'etica che emerge nei Vangeli aggiunge un'ulteriore giustificazione a tutto ciò: l'eccesso, la cui causa principale è identificata nell'avidità, distrugge le relazioni interpersonali e dunque l'amore per il prossimo voluto da Dio, che è anche l'amore di Dio».

Becht-Jördens dà una risposta nuova a questa mia curiosità di trovare nell'attualissimo tema della sostenibilità un sentire che viene da lontano nell'interpretazione del rapporto tra monachesimo e natura: il monachesimo delle origini e poi la Regola di san Benedetto richiedevano l'abbandono di ogni proprietà privata e decretavano il comandamento della povertà. Il concetto di ascesi, cioè la rinuncia ai beni materiali e al soddisfacimento di bisogni e pulsioni legati al corpo, è la risposta di monaci e monache che volevano prendere sul serio le richieste etiche del Gesù dei Vangeli. Per questo motivo si riunivano in comunità lontane dal frastuono del mondo, dalle sue tentazioni e dai suoi allettamenti. Un impulso che è anche all'origine di Fulda.

Quando il missionario anglosassone Bonifacio fondò qui un monastero nel 744, scrisse al papa Zaccaria: «C'è un'area boscosa in una terra deserta di immensa desolazione mondiale in mezzo ai popoli del nostro territorio di missione. Vi abbiamo costruito un monastero e vi abbiamo insediato dei monaci. Secondo la regola del santo padre Benedetto, questi uomini vivono una vita di rigorosa astinenza senza carne e vino, senza idromele e servi, accontentandosi di ciò che guadagnano con le proprie mani»*.

I monaci vi cercano la compiutezza, lontani dalle distrazioni e dai rumori del piccolo universo, oggi si direbbe il dominio del multitasking, nel quale si finisce per perdersi. Confesso ad Alberico che, prescindendo da qualsiasi merito religioso o culturale spesso invocato per legittimare il monachesimo, le scoperte compiute nelle tappe del nostro percorso mi rivelano sempre più quale funzione paradigmatica i monaci abbiano svolto in molti campi della società europea.

* Bonifacio di Magonza, Epistola 86, in M. Tangl (a cura di), *Epistolæ Selectæ. S. Bonifatii et Lulli epistolæ*, Berlino, Weidmannos, 1916, t. I, p. 193.

Alberico mi risponde con le parole di Gert Melville, grande studioso di storia comparata degli ordini religiosi, dicendo che si trattava «di persone che cercavano la perfezione della loro anima e che erano disposte a liberarsi del mondo terreno per conseguirla» e tuttavia «gli uomini e le donne dei monasteri hanno rappresentato un modello soprattutto per le persone rimaste "nel mondo"»*.

E dunque, monaci, eremiti e anacoreti erano prevalentemente vegetariani e naturalmente portati a interessarsi di erbe e prodotti della terra di cui sperimentavano direttamente le proprietà terapeutiche. Del resto, san Benedetto nella sua Regola li aveva incoraggiati alla coltivazione, indicando che persino il raccolto di quanto cresciuto spontaneamente nel monastero non dovesse essere tralasciato.

Lo stesso Francesco d'Assisi – mi ricorda Alberico – raccomanda di lasciare sempre una parte del giardino inutilizzata, per dare spazio alla creazione di Dio, a erbe e piante selvatiche non manipolate dall'intervento umano. E richiama un passo della prima lettera di san Paolo ai Corinzi: «Né chi pianta né chi irriga vale qualcosa, ma solo Dio, che fa crescere» (3,7).

Forse perché lo guardo con aria sorpresa, frate Alberico aggiunge che all'interno di monasteri e conventi si sviluppa una progressiva, vasta conoscenza dell'ambiente naturale e delle sue risorse e si registra una vera e propria esplosione dell'uso delle piante e delle essenze vegetali.

Per questo, gli confesso, avevo molto insistito per fermarmi a Fulda, tappa dell'abbazia benedettina di Santa

* Gert Melville, *Le comunità religiose nel Medioevo*, Brescia, Morcelliana, 2020, p. 163.

Maria. Non tanto per il monastero, quanto per visitare l'orto, la gemma di un monachesimo al femminile, che, in omaggio alla descrizione che ne fa Strabone nel poemetto l'*Hortulus*, sarà una meraviglia dello «sguardo vegetale». Mi aspetto che sia una sorpresa piena di futuro. Ma per arrivarci dovremo entrare con l'immaginazione nel tipo ideale della pianta di un'abbazia.

La Regola benedettina stabiliva infatti la presenza in ogni abbazia di un'area specifica suddivisa in frutteto, giardino con piante ornamentali e due orti: uno riservato alle erbe officinali e l'altro agli ortaggi destinati alla mensa dei frati.

Il pensiero torna a una delle nostre tappe precedenti. Come in un flash, rivedo una giovane pellegrina che, sorridendo, mi guardava portando l'indice alla bocca, con fare complice, a intimarmi il *silenzio*. In sottofondo un'arpa, una doppia arpa (che non avevo mai visto prima) e una cascata di note che, proprio come la neve che lenta cadeva giù in questo tempo di inverno, bucavano quel bianco silenzio.

Alberico coglie il mio sguardo distratto. Cerco un orizzonte che non c'è... non ricordo, al momento, dove fossimo, e glielo chiedo. Pronto, mi soccorre: a San Gallo e subito mi torna in mente il *Klosterplan* – la pianta dell'abbazia – che assieme al *Capitulare de villis*, emanato tra il 770 e l'813, offre un'immagine sorprendentemente chiara del giardinaggio all'epoca di Carlo Magno. Vi è assai ben rappresentata la divisione degli spazi tra giardini e orti, l'impianto ideale di un monastero carolingio. È, in definitiva, una piccola città, cinta di mura che abbracciano luoghi di preghiera e di lavoro, equamente distribuiti.

Ricordo che nella pianta conservata a San Gallo le zone destinate alla raccolta delle verdure per l'alimentazione si distinguono dalle aree destinate alle erbe medicinali, i cosiddetti «semplici». Attigui a queste due zone specifiche sono il cimitero-frutteto e il *claustrum*, un quadrato lungo cento piedi, circoscritto da un recinto come vuole la Regola benedettina. L'assetto poi è ancora tributario delle *villae rusticae* della campagna romanizzata, corredate appunto da quattro tipologie di spazi coltivati: orti, frutteti (*pomaria*), giardini con alberi (*viridaria*), erbari (*herbaria*).

I monaci coltivano l'orto per procurarsi gli alimenti, mentre nel giardinaggio ritrovano il paradiso perduto della narrazione biblica.

La Regola elenca puntualmente anche le varietà di ortaggi raccomandati per la dotazione della cucina vegetariana: cipolle, porri, cavoli, cumino nero, prezzemolo, cerfoglio, scalogno, lattuga, aglio, ravanelli, fave, piselli, ceci, fagioli, rape, carote, zucche, sedano, malva, finocchi, barbabietole, cetrioli, cardi, cavoli. Non è ancora il tempo di pomodori e patate. Arriveranno più in là, dall'America.

PRENDERSI CURA DEI CORPI

Alberico mi ricorda come nei monasteri fosse assai vivo l'interesse per le opere naturalistiche e mediche di scrittori dell'antichità classica, tra cui Catone, Plinio il Vecchio, Dioscoride, così come per la coltura delle erbe medicinali.

«Nella tradizione monastica, il loro studio e coltivazione erano indispensabili per la vita stessa del monastero, isolato per scelta religiosa e soggetto ad attacchi, incursioni, pestilenze. Naturalmente» prosegue Alberico, «la vita monastica medievale doveva fronteggiare al proprio interno le malattie. I monaci dovevano prendersi cura dell'*infirmus*, nutrirlo, alleviarne il dolore, trattarne le ferite, medicarne le piaghe. Nasce così la figura del *monachus infirmarius*, cui viene affidata l'assistenza sanitaria del monastero. E pure del mondo là fuori, perché le malattie (peggio, le epidemie) causano l'emarginazione dei malati, un'*asocialità coatta* che accompagna la povertà.»

Mentre ascolto Alberico, penso che niente poteva stimolare questo universo cristiano, votato all'amore per il prossimo, quanto il compito di prendersi cura non solo delle anime ma anche dei corpi.

Ma l'*infirmarius* deve pure coltivare le piante medicinali, in uno spazio dedicato: l'«orto dei semplici». La parola, che deriva dall'espressione latina medievale *medicamentum simplex*, designa appunto quelle erbe che fino al Rinascimento vengono coltivate solo dai religiosi nel chiuso dei loro conventi. Con l'ingresso e l'affermarsi dell'insegnamento delle discipline mediche nelle università – siamo ormai nel xv secolo –, questa prerogativa verrà trasferita al mondo accademico. E nascono gli «orti botanici».

Sono grata ad Alberico per questo suo guidarmi nel mondo abbaziale e provo una sottile soddisfazione nel saper reagire al suo racconto, godendo dei graditissimi collegamenti che il contatto con le sue conoscenze e le esperienze compiute nelle varie tappe sanno far nascere nella mia mente. Gli ricordo quindi quanto avevamo appreso su Orval che, al di là della birra, deve la sua fama al suo essere un noto centro di assistenza medica, fama che ha avuto origine dalla sua farmacia, da quando ne era divenuto responsabile fra' Antonio Périn, medico formatosi a Parigi, che coltivava un orto di erbe medicinali in cui crescevano radici, erbe e fiori. I suoi prodotti più famosi erano pozioni e tinture, e tra queste l'acqua di Orval, ritenuta efficace per la cura di un numero straordinario di mali, sia mentali che fisici.

Alberico trasforma allora il suo stupore in ironia: «Vedo che ha studiato!». Poi tira fuori un libriccino che legge tutto d'un fiato: «... tra le erbe, spiccano la salvia, la ruta, il rosmarino, il prezzemolo, il cumino, la menta, il dragoncello, l'anice, l'aneto, la calendula, il coriandolo, il cerfoglio, la bardana, il fieno greco, la camomilla, il papavero, il nardo selvatico, la rucola, il nasturzio, il dittamo, la senape, la santoreggia e il rafano».

Un fitto elenco di piante che i monaci provvederanno a classificare consegnandoci erbari riccamente illustrati, spesso contenenti campioni di erbe schiacciate ed essiccate, con brevi descrizioni delle loro caratteristiche e delle loro virtù.

Non contento, Alberico prosegue con nozioni e distinzioni: «Erbario» precisa «è anche il luogo dove si conservano e lavorano erbe e foglie, radici e bacche che, una volta essiccate, vengono custodite nell'*armarium pigmentariorum*, un armadio ermeticamente chiuso perché non vi filtrino aria e luce, siano poi protette le proprietà terapeutiche delle diverse specie. La botanica è dietro l'angolo, pare. E la medicina?».

Davanti al mio silenzio, Alberico mi soccorre con la consueta solerzia, riportandomi all'inizio del cristianesimo, quando si discuteva sul valore della medicina. Alcuni si chiedevano se il cristiano devoto non dovesse riporre la sua speranza di guarigione unicamente nell'aiuto divino. Nonostante questi dubbi, nel primo Medioevo prevalse la convinzione che Dio non avesse creato i rimedi senza motivo, ma che essi esprimessero la sua volontà di salvare gli uomini e mostrassero la perfezione del creato. Dopotutto, anche il Figlio di Dio incarnato aveva avuto pietà dei malati e li aveva guariti. Nacque così la medicina monastica, che si basava sulle antiche conoscenze mediche. La medicina umana era giustificata dall'idea che fosse un dono di Dio, che permetteva all'uomo di adempiere al suo comandamento di carità verso i malati sofferenti. In questo modo, si esercitava contemporaneamente l'amore di Dio, realizzando un prerequisito indispensabile per garantire la salvezza dell'anima dell'aiutante.

Montecassino, fondato nel 529 da san Benedetto, studioso di «cose mediche» e ritenuto un grande guaritore, è il primo centro riconosciuto di medicina monastica. Accanto ai monasteri sorge – con gli ospedali – un vero e proprio network di cultura medica conventuale che si avvale della circolazione di saperi e conoscenze ricavate dalle descrizioni dei «semplici», dalle ricette relative alle piante coltivate negli orti dei monasteri, impiegate per preparare unguenti, decotti e impiastri.

Gli chiedo chi si occupa di tutto questo e Alberico richiama la figura, incontrata poco sopra, del monaco erborista, custode dell'*armarium pigmentariorum* e del sapere dei medicamenti. È lui il protagonista della circolazione di un sapere che ha origine nell'alchimia, la scienza nata nell'Egitto del I secolo d.C.

«Tra il IX e l'XI secolo l'arte farmaceutica dei monaci progredisce notevolmente anche grazie alla distillazione appresa dal mondo arabo. Ho letto che allora l'uso di distillati e di oli essenziali entra nella preparazione dei medicamenti realizzati nei monasteri» dico.

Alberico annuisce e prosegue: «Tutta questa circolazione di esperienze si appoggia anche allo studio dei libri che spesso sono i monaci stessi a tradurre dal greco o dall'arabo. Ippocrate e soprattutto Galeno, da cui deriva la galenica, cioè l'arte del farmacista di preparare i farmaci nel suo laboratorio».

Dopo una pausa, riprende a narrare dei monaci addetti alla preparazione di medicamenti: «Non solo avevano acquisito sempre più conoscenze e capacità, ma avevano visto la loro fama diffondersi anche all'esterno, tra gli abitanti dei paesi che sorgevano nelle vicinanze del monastero, in conseguenza dei successi terapeutici riscossi dai loro preparati. E saranno proprio le conoscenze medico-fitoterapiche acquisite dai monaci a promuovere l'affidamento agli ordini religiosi della gestione di ospedali e ospizi esterni alla struttura religiosa».

Ecco che si chiariscono sempre più le ragioni del successo e della capacità di adattamento del monachesimo, particolarmente nel modello cistercense che ispira la costruzione degli ordini ospedalieri.

Sarà l'incontro con suor Christa Weinrich, ingegnera agronoma, custode di un meraviglioso giardino nel monastero della città vecchia, a illuminare ancor più la cura del corpo.

L'*HORTULUS* DI SUOR CHRISTA

Mi riceve di buon'ora suor Christa. È lei a tenere le fila del giardino di duemila metri quadrati del monastero di Fulda che conta ormai trecentottant'anni.

Suor Christa mi appare proprio come nella descrizione di un articolo a lei dedicato, nel quale mi ero imbattuta: «La sua bianca tonaca, curata e stirata, e il suo sorriso di ragazza non fanno proprio pensare a un intransigente eco-giardiniere».

Scrive libri, tiene conferenze e si batte con passione contro l'impoverimento del suolo causato dall'uso dei fertilizzanti e dei macchinari pesanti in agricoltura. Quando Christa e le monache benedettine dell'abbazia di Santa Maria di Fulda decidono di mettere al bando erbicidi e fertilizzanti chimici dalle loro terre, passando alla coltivazione naturale e dando vita a questo vero e proprio regno delle piante officinali in cui mi trovo, le parole della sostenibilità non erano ancora in uso. Erano gli anni del DDT spruzzato a raffica.

La sera prima dell'incontro, con gli occhi che quasi si chiudevano, ho fatto in tempo a documentarmi su Strabone, l'allievo di Rabano Mauro, benedettino enciclopedista e divulgatore di cultura, che già conosciamo. Suor Christa, prodiga di informazioni, mi ricorda che Strabone è l'autore del noto poemetto *Liber de cultura hortorum* (*Hortulus*), che disegna il modello costruttivo del giardino monastico: aiuole rialzate di forma quadrata o rettangolare che ospitano verdure e fiori, presentate a scacchiera. Un poema che, almeno nel titolo, crea in chi vi si accosta l'aspettativa che si tratti di un'opera didattica sull'orticoltura e sul superamento dei problemi che nascono in questo campo di attività.

Osservo compiaciuta che mi sembra di ritrovarvi echi delle *Georgiche* di Virgilio, il modello classico di poema didattico sull'agricoltura.

Suor Christa conferma e in virtù di questa somiglianza,

dice, ci si aspetterebbe che il lavoro venga illustrato man mano che l'anno avanza. Ma il percorso dell'anno di giardinaggio si interrompe e i successivi ventitré capitoli sono dedicati ciascuno a una pianta del giardino. Descrivono non tanto lo sviluppo temporale di un'attività orientata dallo scorrere delle stagioni, quanto piuttosto la sequenza spaziale delle singole piante dell'orto di Strabone, proprio davanti alla sua cella, nel convento, regno della semplicità monastica. Qui crescono, con il soccorso della natura e l'operosità del giardiniere, gli ortaggi per la tavola, le piante medicinali per i malanni corporei, infine i fiori.

Suor Christa mi avverte subito che il messaggio dell'*Hortulus* si trova a un livello superiore rispetto al cosiddetto *sensus litteralis*, ovvero al significato della formulazione. Al suo significato nascosto ci portano alcuni indizi. Fin dall'inizio del testo, quella del giardiniere viene elogiata come «non ultima tra le forme eccellenti di una vita serena». Anche il piccolo giardino, che non è piantato sul terreno più fertile, non deluderà le fatiche del giardiniere diligente, ma le ricompenserà con un ricco raccolto. Egli non deve considerare il lavoro faticoso, e talvolta sporco, come indegno. Deve accontentarsi di poco, essere umile e disponibile al lavoro manuale, perseverante e paziente. Tutti aspetti che rendono simile lo stile di vita del giardiniere a quello del monaco.

Giardinieri e monaci hanno quindi molto in comune, devono attingere alle stesse virtù e imparare innanzitutto ad apprezzare il vero valore della ricompensa per i loro sforzi, che non coincide con il magro raccolto dei frutti del giardino. L'impegno e le fatiche, la manipolazione della terra sporca hanno primariamente un valore morale. Insegnano la modestia, la moderazione e l'umiltà e tengono lontani dall'avidità, dall'eccesso e dall'arroganza. Pertanto, a livello di *sensus moralis*, l'attività orticola è un'allegoria della vita monastica, delle sue fatiche e gioie e delle sue ricompense, ma, in senso più ampio, anche della vita di tutti i cristiani che prendono sul serio le esigenze etiche della loro religione. Dio, come artefice di ordine, bellezza e salvezza non solo nel giardino, ma in tutta la sua creazione, ha il suo equivalente nel giardiniere, che con il suo lavoro adempie un compito divino nel piccolo e può essere sicuro dell'aiuto di Dio.

L'*Hortulus*, dunque, pretende di essere niente di meno che un manuale divinamente ispirato della conoscenza di Dio. Trasmette un'intuizione che è importante quanto attuale: la conservazione di questo cosmo non significa per l'uomo una fastidiosa rinuncia; al contrario, come mostra Strabone, l'osservanza del precetto della moderazione corrisponde anche ai veri bisogni dell'uomo stesso. La soddisfazione – e quindi la vera gioia di vivere – si ottiene solo con la moderazione e la modestia, nel contenimento delle proprie esigenze, mentre l'avidità insaziabile è una sete che non può spegnersi.

Il rispetto della misura naturale non corrisponde dunque soltanto alla volontà di Dio e alle esigenze della natura, ma anche al vero bisogno dell'uomo. È lui che ne trae vantaggio, perché la soddisfazione e l'autentica felicità non possono essere trovate in nessun altro modo se non nella giusta misura, la misura della sostenibilità.

Chiedo a suor Christa dell'origine di questo nuovo sapere e mi spiega che nell'Alto Medioevo furono gli ordini religiosi provenienti dall'Italia a introdurre la cultura dell'orto. Del resto i romani conoscevano già la pratica dell'innesto degli alberi da frutto e coltivavano ortaggi pregiati.

Mentre mi parla, ecco di nuovo comparire la figura della giovane donna di San Gallo. Ho già incontrato quei lunghi capelli neri che le incorniciano il volto mentre si china a raccogliere quei fiori indaco spinosi. Anche di spalle non ho dubbi che sia lei, pellegrina come me, in cammino... ma verso dove?

Mi muovo per avvicinarmi a lei, ma Alberico reclama la mia attenzione, facendomi osservare che i semi, le talee e tutte le conoscenze del giardinaggio dell'antichità (dall'esplorazione dei segreti del microclima alla gestione del suolo e al controllo dei parassiti) giunsero a noi attraverso il monachesimo italiano, che prepara e ispira i giardinieri dei monasteri tedeschi, come Ildegarda di Bingen e Alberto Magno, domenicano, cui dobbiamo, nel XIII secolo, importanti testi scientifici sull'orticoltura: il *De vegetalibus* e il *De plantatione viridariorum.*

Conferma poi quanto avevo letto sull'America, e cioè che dal nuovo mondo vengono importati, ad esempio, pomodori e patate, anche se inizialmente non proprio ben accolti: il pomodoro veniva considerato una pianta maleodorante; quanto alla patata, la si riteneva per lo più velenosa. E sono appunto i monaci che, dopo aver coltivato per decenni queste piante ritenute «inutili», ne scoprono il gusto delizioso.

Tornando a Strabone, il suo testo si rivela utile perché – al di là degli echi mitologici, un debito verso l'antichità classica – il manoscritto enumera le qualità terapeutiche di ogni pianta. Ed è proprio per questo che se ne è voluto riprodurre l'orto in una sezione appositamente dedicata di quello di Santa Maria. Che contiene anche la casetta di legno, l'*Insektenhotel*, in cui sono ospitati gli insetti benefici per la produzione di erbe e ortaggi.

La filosofia base di suor Christa si fonda sul principio che le piante, cresciute in prossimità l'una dell'altra, si influenzino e si completino a vicenda (si dice, ad esempio, che i ravanelli preferiscano le carote). È un presupposto botanico che si applica a Santa Maria.

Suor Christa fa notare come nel mondo del giardinaggio biologico il concetto di consociazione sia noto da tempo. A differenza della monocoltura o dell'orticoltura di mercato, a Fulda coltivano insieme le piante sia perché le loro esigenze di base si completano (tipo di terreno, necessità idriche o nutritive, apparato radicale, stagione di crescita e via dicendo), sia perché i composti chimici che emettono respingono alcuni parassiti o malattie. Questo metodo di coltivazione naturale, nato in Germania e applicato da anni nell'abbazia di Fulda, ha dimostrato la sua efficacia nell'indicare le migliori combinazioni per garantire piante sane e un ricco raccolto.

È valsa la pena di attendere tanto. L'incontro con suor Christa mi ha messo la felicità nel cuore. È bello che tutto questo nasca da una sensibilità femminile, ma non è una novità, come conferma frate Alberico, spiegandomi che le conoscenze delle religiose, ad esempio in ambito medico-scientifico, sono testimoniate dalla presenza, nelle biblioteche, di libri e manoscritti che trattano di questi argomenti. E nei monasteri femminili esisteva già la figura della «speziala» o «aromataria», i cui doveri sono assai bene evidenziati in alcuni manuali per confessori. I venti conventi femminili censiti a Padova nel 1769, ad esempio, sono dotati di spezierie.

Ma Fulda, per noi, è anche occasione di un altro appuntamento-evento dedicato alle liriche e alle musiche di Ildegarda di Bingen, monaca benedettina e figura straordinaria e complessa i cui scritti spaziano dalla teologia (o filosofia della natura) alla fisica, dall'etica alla medicina, all'insegna di quella che lei definisce la *corrispondenza* tra uomo e universo, dove le piante hanno centralità perché parlano lo stesso linguaggio del corpo umano e trasferiscono il *quid* di energia necessario al nostro benessere, dal momento che tutto è intimamente legato. Drammaturga, poetessa e musicista, dotata di grande carisma e autorevolezza, è stata consigliera di Federico Barbarossa, Filippo di Alsazia, Bernardo di Chiaravalle e di papa Eugenio III, che la autorizzerà a esporre in pubblico le sue visioni.

Questa volta è la giovane donna sorridente, quella dai capelli neri, ad avvicinarmi. Sono felice di incontrare finalmente il suo sguardo. «Eccoci» le dico, quasi che il nostro incontro confermi l'impegno di un appuntamento. «*Ich freue mich, Sie kennenzulernen*», felice di conoscerla, mi risponde. Mi sento sollevata, avverto distintamente che possiamo anche non dirci nulla; mi basterà ascoltarla. Sono certamente versi, quelli che prende a recitare. E sono sicura siano di Ildegarda:

O *viriditas* nobilissima
che hai radici nel sole,
e in candida serenità riluci
nella ruota
che nessuna altezza terrena contiene,

tu sei circondata
dall'amplesso dei divini misteri.
Risplendi come la rossa aurora.
E ardi come la fiamma del sole.

La *viriditas*... la «verde essenza», energia vitale tra l'uomo e la natura, uno dei motori della mia vita. Riesco a sentirla ovunque, anche a Milano...

Per frate Alberico, Ildegarda ci lascia un contributo importante nei due libri che raccolgono il sapere medico e botanico del suo tempo: *Physica* (*Storia naturale* o *Libro delle medicine semplici*) e *Causae et curae* (*Libro delle cause e dei rimedi* o *Libro delle medicine composte*). E soprattutto anticipa con la parola *viriditas* un concetto e una suggestione che tocca la nostra sensibilità contemporanea. Come l'aggettivo *viridis* (verde) da cui proviene, *viriditas* richiama parole quali *vis*/forza, *vir*/uomo, *virgo*/giovane donna, *ver*/primavera, *virtus*/valore, *virga*/virgulto, *vita*/principio vitale. Tutti termini che rimandano all'idea di un principio energetico che agisce e opera nella natura e attraverso la natura, nel mondo, nell'umanità.

Gli faccio notare che il termine «verdezza» non sembra evocare soltanto una qualità cromatica. E Alberico si dice d'accordo, specificando che in Ildegarda diventa semmai «freschezza» ed «energia». Accanto alla *subtilitas*, la natura curativa del cibo, alla *discretio*, la giusta misura, e alla *ratio* (il discernimento, la chiarezza nel giudicare), la *viriditas* (il risveglio della vitalità) rappresenta il motore dei quattro principi che lei stessa raccomanda di osservare.

Ma non c'è solo Ildegarda. Il mondo delle monache e delle badesse conosce una grande fioritura in quell'epoca.

Anche con Herrada di Landsberg, che in Alsazia ci lascia un *Hortus deliciarum* (la prima enciclopedia da lei stessa illustrata con 344 miniature che accompagnano il sapere teologico e profano di quell'epoca). In Spagna invece María González de Agüero, badessa cistercense, commissiona il *Codex Las Huelgas*, testo fondamentale della polifonia sacra.

È tempo di rientrare a Milano. Evidentemente, però, frate Alberico non considera chiusa la partita se, come intuisco dall'indice che solleva verso l'alto, intende aggiungere qualcosa.

LA PIANTA DELL'UMILTÀ

> Troverai più nei boschi che nei libri, alberi e rocce ti insegneranno ciò che nessun maestro ti dirà.
>
> SAN BERNARDO

Ormai, credo di aver imparato a conoscere Alberico. Il mio sguardo deve averlo incoraggiato ed ecco che subito inizia una nuova divagazione, che un po' richiama quanto mi aveva detto a proposito dell'*Hortulus*. «Sebbene sia nato per corrispondere a esigenze alimentari e terapeutiche, il giardino e la sua cura rappresentano anche una disciplina dell'animo e un territorio su cui coltivare l'umiltà.»

L'umiltà è dunque una virtù personale essenziale da preservare in tutte le circostanze della vita monastica quotidiana. Non a caso la Regola prescrive: «All'opera di Dio, nell'oratorio, nel monastero o nel giardino, in viaggio o nei campi, o in qualsiasi altro luogo. Sia che sieda, che cammini o che stia in piedi, il suo capo [del monaco] deve essere chinato e i suoi occhi abbassati».

«E il giardino è il luogo più adatto dove esercitarla» conclude Alberico. «Perché deve essere curato sia nella buona che nella cattiva stagione e richiede pazienza. In questo senso, il giardinaggio può "insegnare" l'umiltà di fronte alla creazione e al Creatore.»

Stavolta Alberico non mi trova impreparata. «Per me gli alberi sono sempre stati i predicatori più persuasivi» sono le parole di Hermann Hesse che faccio mie ogni volta che visito il giardino zen a Milano, in piazza Piola, dedicato a mia sorella Teresa e che ospita un'installazione firmata dallo scultore Kengiro Azuma che ci ricorda come l'arte e la bellezza rappresentano un rifugio sicuro dell'anima.

Inaugurato il 18 aprile 2021, è diventato, non solo per me, un luogo del cuore. I suoi ventuno alberi di ciliegio restituiscono la calma dei giardini zen giapponesi che hanno origine da un altro monachesimo, quello buddista.

Alberico dunque non è solo, come forse credeva, di fronte alla geometria verde del giardino che richiama lo stile di vita monastico.

Per molti ordini religiosi il monastero è proprio questo luogo chiuso che protegge i suoi abitanti dal mondo circostante. E anche l'immaginario collettivo dell'universo cristiano legato alla vita claustrale – dai benedettini ai certosini, fino ai cistercensi di Bernardo di Chiaravalle – spesso si identifica col processo simbolico del giardino e più in generale del verde...

Il giardino ha poi una valenza religiosa, ricca di significati metaforici. Le sue piante ci parlano di quella terra dall'incanto perduto, l'Eden, e in questo senso assurge a emblema di una purezza senza peccato, contrapposta alla foresta, popolata di fiere selvagge e immagine del male.

Mi azzardo a un parallelo, ricordando il racconto della Passione – che a Genova i magnifici Teli di lino-cotone narrano, nel blu indaco: dipinti a biacca, richiamano le incisioni di Albrecht Dürer – e della Pasqua, in particolare quell'orto del Getsemani dove Gesù sperimenta la condizione di tristezza più piena, lasciato solo dai compagni che si addormentano quando aveva chiesto loro di pregare e poi catturato dai soldati. E siamo ancora in un giardino; dopo il suo corpo verrà deposto in un sepolcro.

Mi guarda, frate Alberico. Sembra stupito. Poi aggiunge che esistono anche forme molto diverse di giardini monastici in cui ritrovare, ad esempio, la possibilità della contemplazione. E rammenta il labirinto di piante che accoglie i visitatori nel monastero cistercense di Helfta, luogo di riposo e ricreazione, ma anche di conversazione, silenzio e ricerca interiore. A forma di cuore, con erbe medicinali, per evocare nel suo simbolismo l'amore di Dio.

Cammino tra i resti dell'antico monastero medievale e poi nel piccolo giardino di erbe officinali. Lo spazio è suddiviso in base al loro effetto benefico: urinario, digestivo, circolatorio, respiratorio e neurologico.

Sarà stato il ricordo di Matilde di Canossa – che proprio a Orval abbiamo già incontrato, e per me eroina del tempo delle mie scuole elementari – a farmici passare.

Torno, con frate Alberico, a questo luogo dell'anima e a quanto ci insegnano con lungimiranza le benedettine di Fulda: i giardini dei monasteri osservano la responsabilità di promuovere e custodire oggi un vero e proprio modello di coltivazione del territorio. Prediligono risorse naturali e rigenerative, utilizzano metodi di cura e fertilizzazione biologicamente innocui e tengono soprattutto conto della sostenibilità locale.

In termini cristiani, mi ricorda Alberico, la creazione è non solo un dono, ma anche un compito. E dunque la coltivazione del giardino del monastero, secondo i credenti, è un'occasione di *ecologia creativa*, il riflesso di una sua teologia che, in circostanze ideali, viene portata avanti fino a oggi. Ce lo insegna l'orticoltura ecologica praticata e sviluppata a partire dagli anni cinquanta dalle benedettine di Fulda.

Davanti a questi fili rossi che si manifestano nella storia, i dubbi e i pensieri che ho comunicato ad Alberico sembrano dissiparsi. La mente mi riporta al cospetto dei ventuno «santuari» che osservo nel giardino zen di Milano. Mi fermo ad ascoltarli, perché conoscono la verità. E una nuova consapevolezza mi invade, confortata dalle parole di Hermann Hesse: «Chi ha imparato ad ascoltare gli alberi, non desidera più essere un albero. Non desidera essere altro che quello che è. [...] Questa è la felicità».

9.
In cammino, ancora e sempre

SANTA CROCE IN SASSOVIVO. NON C'È INNOVAZIONE SENZA TRADIZIONE

L'abbazia di Sassovivo, come appoggiata alle pendici del monte Aguzzo, in Umbria, è una macchia imponente: il bianco avorio delle sue pietre calcaree risplende sullo sfondo di un bosco scuro di lecci, ginepri e pini d'Aleppo. Testimone antico della presenza benedettina nella valle Spoletina, il monastero, fondato intorno al 1070, accoglie ora i piccoli fratelli di Jesus Caritas. Dei suoi due chiostri, quello a monte è un bellissimo esempio di romanico: rettangolare, con un cortile circondato da un portico ricco di oltre cento colonnine assai diverse (binate, lisce o a forma di spirali), con capitelli a giglio.

La sua comunità monastica, grazie a donazioni da parte dei conti di Foligno e di privati, acquisì un vastissimo patrimonio al punto che, all'inizio del 1200, da Sassovivo dipendevano oltre novanta monasteri, più di quaranta chiese e sette ospedali. Tra le molte importanti attività sviluppate da questa comunità, quella di un centro studi e di uno *scriptorium* è testimoniata dal cospicuo archivio costituito da pergamene e documenti di inestimabile valore dell'XI secolo, oggi custodito presso l'Archivio diocesano di Spoleto.

L'abbazia ha ricevuto il riconoscimento UNESCO di *Patrimonio testimone di una cultura di pace*, per il suo essere, sin dalla fondazione, simbolo di pace tra i popoli.

È qui, nel monastero di Sant'Anna o delle Contesse – il complesso conventuale che fino alle spoliazioni napoleoniche ha ospitato la famosa *Madonna di Foligno* (opera di Raffaello ora nella Pinacoteca vaticana) –, che mi accolgono le monache terziarie francescane della beata Angelina. Ed è qui che trovo la chiave che meglio illustra il grande contributo lasciato dal monachesimo benedettino: la Regola e il suo imperativo di dedizione al lavoro. Un'eredità che ha un dinamismo interno e un nome, *tradizione*, parola che qui, in Umbria, con i suoi oltre cento monasteri benedettini, si coniuga alla storia del territorio. Una parola che conosce anche il segreto del cambiare e del rinnovarsi. E allora diventa *innovazione*. Tradizione e innovazione si danno la mano in un bilanciamento che particolarmente si apprezza nel paesaggio agrario, che il tempo consegna umanizzato e modellato nell'evoluzione degli habitat, nella conservazione della biodiversità e degli ecosistemi delle foreste.

È una coppia di apparenti opposti, quella di tradizione e innovazione, che attraversa la fase della *nostra età di mezzo* (Medioevo) profondamente segnata dal monachesimo. Con Benedetto trasforma gli uomini di un'epoca assai esposta alle dinamiche migratorie e alle «invasioni» da nomadi in *stanziali*, da pastori in agricoltori, da pagani in cristiani.

Un cambiamento di uomini e territori che parte e passa per la bonifica dell'acqua, la sua irreggimentazione, un intelligente sfruttamento che la rende vero e proprio motore di un'evangelizzazione diffusa, in particolare proprio in Umbria e nelle Marche.

Ivo Picchiarelli, storico delle tradizioni popolari, ci accompagna alla scoperta di una civiltà contadina che, sorta dalla fabbrica di mattoni e passata alla costruzione degli ami, con la comparsa del sistema delle fattorie mezzadrili, i loro laboratori e le manifatture artigianali, rappresenta in realtà molto di più. «L'artigianato ha nel volto della campagna il suo fondamento» spiega Picchiarelli. Con uno sguardo alla leggenda – seguendo il filo della sua affascinante idea che irride al pensiero che esistesse la città e poi, tutto intorno, una «selva selvaggia» –, ricorda come non a caso, a fondamento della civiltà romana, vi sia un «atto agricolo», quello dell'aratro di Romolo. La campagna, con la geometria dei campi, è la proiezione, l'estensione, sul territorio di un'organizzazione dello spazio di ispirazione celeste: i campi sono quadrati perché, nel simbolismo cristiano, la Gerusalemme celeste viene rappresentata con una pianta quadrata, simbolo di perfezione e stabilità.

Il quadrato – e non il cerchio, che richiama un'idea di tempo – ispira questa intensa e secolare umanizzazione del territorio, generata dalla Regola. Un'«umanizzazione» – pensiamo in Umbria alla piantumazione dell'ulivo, circa due milioni di piante – che trasforma la cura e coltura del territorio in cultura, che a sua volta si trasforma in natura. Lo conferma il rapporto con l'ulivo, che gli umbri chiamano «piantone», e con l'uliveto, che chiamano «chiusa dei piantoni». E, del resto, sottolinea Picchiarelli «sono moltissimi in Umbria i fitotoponimi legati all'ulivo».

L'atto del conservare, in debito con la tradizione, precede e accompagna quello dell'innovare. È rilevante, in questo «nuovo» mondo della mezzadria – vera e propria piattaforma di un'agricoltura diffusa, fucina del «saper far tutto» e di manifatture nuove –, l'abolizione della servitù della gleba all'alba del XII secolo, molti secoli prima di Stati Uniti e Russia.

A quest'Umbria, capitale del monachesimo con Benedetto prima e con Francesco poi, all'idea trasformatrice del paesaggio che abbiamo appena visto, si oppone un concetto anglosassone di natura, che guarda a essa come al regno dell'incolto e del selvaggio.

A questa nostra cultura dello spazio – uno spazio agricolo quadrato, riflesso del cielo – fondata sulla coltivazione, fa da controparte il modello di una natura selvaggia da rispettare, con un'araldica di riferimento ferina (Leone, Lupo, e via dicendo) nei toponimi. Mentre i nostri nomi sono per lo più agricoli e anche negli animali si fa più riferimento al piccolo universo della fattoria.

Indipendentemente da quale sia dominante tra questi stili di relazione e di vita con il territorio, una cosa è certa: «Bisogna curarlo, non basta fotografarlo» è la lapidaria quanto condivisibile osservazione di Picchiarelli.

Alla curiosità che il mondo delle abbazie ha nutrito e *istigato* in tutti noi per gli intrecci che muovono la nostra relazione con il passato e le sue tradizioni, facendoci aprire gli occhi sul futuro (uno sguardo che speriamo non si faccia sempre più smarrito), si è affiancata una nuova attenzione che ci governa e che dobbiamo saper governare: quella per le lancette del tempo che ci rende preda di due sinceri conformismi. Sono gli estremi di un pendolo, della velocità, della lentezza.

«Viviamo in un'epoca in cui si sta concentrando tutto in alcuni luoghi e la velocità ha da essere sempre *alta*, mentre il vero segreto è il transito, ossia la capacità di penetrare, passo dopo passo, in un territorio.» Con queste parole Patrizio Bianchi, già ministro dell'Istruzione e mio collega di cattedra UNESCO, reinterpreta con me questa idea di *cammino*, che non significa solo *attraversare* un insieme di luoghi, ma anche riscoprire la capacità non di possedere bensì di *farci possedere*, quasi accompagnandoci in una condizione nuova: quella di un *cammino* per ritrovare la speranza.

È questo il sentimento che mi guida mentre raggiungo l'abbazia di Polirone, a San Benedetto Po, nel mantovano. Un complesso abbaziale fondato all'inizio dell'XI secolo da Tedaldo di Canossa, nonno di Matilde. Polirone si posa maestoso su di un'isola alla confluenza dei fiumi Po e Lirone, un ramo dello stesso Po, successivamente inghiottito da opere di bonifica.

Fin dalle origini, la struttura è stata una tappa dei pellegrini in viaggio dal Nord Italia o dal cuore dell'Europa verso Roma e i luoghi santi, su San Benedetto convergono infatti diversi cammini storici: la via Matildica del Volto santo, la via Carolingia – percorsa da Carlo Magno nell'800 per essere incoronato dal papa a Roma – e la via Romea germanica imperiale cara a Federico Barbarossa.

Siamo in prossimità del «grande fiume» in un monastero che mantiene intatta la sua impostazione rinascimentale, con una ricchezza di statue, fregi e dipinti, soprattutto del Cinquecento (del Correggio che affresca l'ex refettorio monastico, di Giulio Romano e Paolo Veronese), un monastero definito per la sua imponenza la «Montecassino della Lombardia». Di qui transita anche Martin Lutero, durante il suo viaggio a Roma nel 1510. Qui si conserva inoltre il sepolcro di Matilde di Canossa, il cui corpo verrà acquistato e traslato in Vaticano nel 1632, per volere di papa Urbano VIII.

A incantarmi è il bianco scintillante del disegno elegante e sinuoso della facciata del monastero. Si staglia contro l'azzurro del cielo di questo fresco mattino.

Ritorno col pensiero alle parole di Patrizio Bianchi e: «Certo!» esclamo. «Era quasi inevitabile che in questa corsa di ormai tre anni, con un numero di tappe più che raddoppiato, finissimo per imbatterci nel demone del tempo. Imbatterci e scontrarci con la nostra *attitudine a* ma anche *un sentimento di* convivere con il suo consumarsi.»

Contro la tirannia dell'orologio, anch'io ho finito per sognare quell'elogio della lentezza («e vinse la tartaruga») di cui ci parla Carl Honoré, tra i primi e più noti autori a combattere, all'inizio degli anni Duemila, la moda e il costume dell'ipervelocità. Anch'io ho desiderato lasciarmi andare alla nostalgia del *tempo lento*, travolti come siamo da un complesso universo di azioni e di *cose veloci* che finisce quasi per autocelebrarsi nel mito del multitasking.

In questo millennio della rapidità, anch'io desidererei poter almeno dilatare o contrarre il tempo (narrativo), come ci ha insegnato Calvino nelle *Lezioni americane*: «Il racconto è un'operazione sulla durata, un incantesimo che agisce sullo scorrere del tempo, contraendolo e dilatandolo»*.

Di antidoti a questo suo spreco distratto, per fortuna, sul mio cammino ne ho incontrati. E molti. A partire da

* Italo Calvino, *Lezioni americane*, Milano, Garzanti, 1988, p. 36.

quelli suggeriti dalla cultura del cibo, con l'opposizione tra «fast» e «slow» e la ben nota immagine della lumaca che fa capolino come emblema di Slow Food, fondato da Carlo Petrini a indicare uno stile di vita più razionale e umanamente coerente: lento, appunto. O della tartaruga che Cosimo I de' Medici sceglie come stemma della sua flotta accanto al motto augusteo *Festina lente* che tanto piace a Calvino, a indicare la ponderazione come chiave di successo nelle imprese.

Sempre in tema di *lentezza*, nella cura dell'orto, ad esempio, la natura ci insegna che il tempo dell'attesa (dopo la semina, prima che spuntino i germogli e le piante o che passi l'inverno) è biologicamente necessario, che c'è bisogno di attività di preparazione e di azioni cicliche. Fatica, cura e ricompensa – che, lo abbiamo visto, apparentano lo stile di vita del giardiniere a quello del monaco – insegnano un'attesa paziente e indulgente, la miglior medicina contro ogni frenesia.

Questo nostro transitare, nel segno delle tappe da percorrere e in cui soffermarsi, ci ha insegnato quanto importanti siano le pause (i passerotti, come le rondini, volano, ma poi si fermano). Un'arte che ben conosce chi si prende cura della terra, e che ha presente i ritmi e le necessità di coniugarli, alternando cambiamento e stabilità.

Si parla, ad esempio, di «prati stabili», perché non arati o neanche dissodati per anni – persino cento – della valle del Mincio, habitat naturali in cui sono presenti specie erbacee preziose per la biodiversità vegetale, mantenute attraverso la concimazione naturale e l'irrigazione a scorrimento. Dal prato stabile ha origine un foraggio estremamente pregiato, impiegato nella filiera di produzione del

Grana Padano, del tutto naturale e non impattante per l'ambiente. Una coltivazione che segue antichi disciplinari risalenti all'epoca dei Gonzaga.

Ed è proprio attraverso i Gonzaga che emerge il «cortocircuito» che conduce a Mantova, a pochi chilometri da qui.

In pieno Cinquecento, infatti, sono famosi anche per allevare cavalli da corsa imbattibili per velocità e resistenza: purosangue arabi per lo più acquistati in Spagna, contesi da tutte le corti d'Europa e capaci di fiaccare la concorrenza di Medici, Estensi e Farnese, le grandi famiglie dell'epoca. E la relazione di Mantova con la velocità non si esaurisce certamente qui. Assai più avanti nel tempo, sulle due ruote prima, con Learco Guerra, e sulle quattro poi, con Tazio Nuvolari, il mito della velocità troverà proprio qui la sua consacrazione.

Scopro inoltre che «il mantovano volante», Nuvolari appunto, portava al collo una piccola tartaruga d'oro, dono di Gabriele D'Annunzio, un ciondolo con un motto che recita: «All'uomo più veloce l'animale più lento».

Ed ecco quindi che scoviamo un altro piccolo segno di contraddizione, perché il mondo delle corse automobilistiche sembra quanto di più distante possa esserci da ogni nostalgia del *tempo lento*, della meditazione e della pazienza, che per Leopardi era la più eroica delle virtù.

Inizio a chiedermi, allora, se non sia in fondo una forzatura quella di vivere queste due sensibilità-esperienze, della lentezza e della velocità, in modo troppo manicheo, come inconciliabilmente opposte.

Perché a ben vedere la pandemia, seminando il panico e lasciandoci «soli» faccia a faccia con l'ignoto, ha finito per consacrare il primato del tempo «lento» della meditazione, cui quasi ci aggrappiamo per durare, per non scivolare, mentre il tempo «veloce» consuma l'oggi delle routine e della miriade di riti quotidiani che attraversano le nostre giornate. E l'esperienza del tempo che oggi subiamo è nemica di ogni sosta e approfondimento, come lo scafo di *Luna Rossa* che si fa beffe dell'acqua e delle sue onde, di ogni ostacolo che in qualche modo lo possa frenare. Ci vola sopra e via!

Ma se è vero che nello sport si lotta *contro il tempo*, Bianchi aveva ragione nel suo invito a fermarsi. Possiamo e dobbiamo farlo. Come accade a Mantova, dove abbiamo scelto l'ex chiesa di Santa Maria della Vittoria quale cornice in cui ragionare di lentezza e velocità. Questo autentico scrigno rinascimentale – edificato da Francesco II Gonzaga nel 1496 a ricordo della sua vittoria contro le truppe francesi di Carlo VIII nella battaglia di Fornovo –, fatto di mattoni, intonaco e colori, ospitava un'omonima pala dipinta del Mantegna, purtroppo trafugata dalle truppe napoleoniche e portata al Louvre, dove è esposta nella sala dedicata agli italiani del Rinascimento. A Mantova, ci consoliamo con una sua riproduzione, mentre il giovane e brillante critico d'arte Nicolas Ballario ci regala una riflessione sulla pausa, sulla sosta che caratterizza e segna ogni percorso di una visita d'arte. La sosta nel museo, nella galleria, ma anche di fronte all'arte performativa contemporanea.

LA LENTEZZA VELOCE DELL'ARTE

Il ritorno del tempo lento è, a ben pensarci, anche una forma di resistenza all'ineluttabile, o quasi, che ci stritola con gli automatismi delle tecnologie digitali. Anche se sarebbe più giusto dire che entrambe le dimensioni sono compartecipi dei piani di vita di ognuno di noi.

Abbiamo allora provato a esplorare con Nicolas Ballario questa doppia dimensione del sostare, questa volta davanti a un'opera d'arte contemporanea. In un mondo in cui tutto è velocissimo, tutto è a portata di polpastrello, dice Nicolas: «A me, che una cosa, per essere davvero capita, vada approfondita, non dispiace».

A differenza di altre discipline, infatti, l'arte ha un compito particolare: non deve dare risposte, ma sempre suscitare domande.

Qui velocità e lentezza non dipendono, come accade nella musica, dalla partitura (*adagio*, *adagetto*, *allegro*, *vivace*) o dalle interpretazioni, oppure da sensibilità differenti, come traspare dall'ascolto di uno stesso brano eseguito da musicisti diversi.

Grazie a Nicolas ci addentriamo nel continente della performance estetica, tutta quell'arte che «dobbiamo leggere con gli occhi della contemporaneità, e che riesce nella magia di sviluppare una *lentezza veloce*».

Il ruolo dell'arte, a suo parere, è infatti quello di renderci più veloci, anche se l'esperienza della sua fruizione è lenta: se si vuol approcciare l'arte contemporanea, che sembra così complessa, quasi incomprensibile, bisogna prendersi del tempo. Capita infatti che, di fronte ad alcune opere, di primo acchito si resti interdetti e un po' spaesati, mentre avvicinandosi si scopre che contengono il portato di una storia, di una vita, anche di un dolore, forse.

Per farci comprendere meglio, Nicolas inizia a mostrarci un paio di immagini del videoartista Bill Viola. Sono video molto lenti, con delle scene che durano dieci o quindici secondi. Ci fa vedere il *frame* in cui Viola, che ha convocato una serie di persone in un set, le coglie di sorpresa investendole con un getto d'acqua. Un'azione che nella realtà si svolge in quattro-cinque secondi al massimo, mentre lui ne dilata il tempo. Anche nell'immagine successiva, appena dopo l'inizio della performance, Viola compie lo stesso procedimento e fa durare un'eternità quei cinque secondi. Li dilata.

«Ma che cosa c'è lì dentro?» domanda provocatoriamente Ballario.

Forse se si riuscisse a contestualizzare, se ci si prendesse del tempo, se si tornasse a «fidarsi della lentezza», a scapito della velocità, si potrebbero capire tante storie. Dentro a queste immagini infatti c'è tutto il senso dell'infanzia dell'artista. Un ragazzino timidissimo che non aveva molti amici e andava in barca con lo zio. Durante una di queste gite, cade in acqua e, non sapendo nuotare, rischia di affogare. Sono proprio quei pochi secondi in cui guarda in faccia la morte, e vede sott'acqua quello che vediamo tutti noi quando siamo sott'acqua: una vita al rallentatore, movimenti frammentati, una luce diversa.

Negli anni Bill Viola ha cercato di ricreare costantemente quel momento, l'estasi e l'emozione provati da bambino in quella manciata di secondi. In quei suoi video lunghissimi c'è il senso di un istante, per lui durato tantissimo, prima che lo zio lo salvasse.

Un'operazione simile tenta Marina Abramović, la madre dell'arte performativa, in un video in cui viene mostrata una persona che cammina su un sentiero. È una performance, perché lei appunto ha fatto del proprio corpo una sorta di tela.

Nel 1988, dopo dodici anni di condivisione, quando termina la relazione con Ulay, compagno di vita e di lavoro, immaginano insieme una performance lungo la Grande muraglia cinese. Il progetto prevede che ciascuno avvii il suo percorso dai capi opposti della muraglia per incontrarsi a metà strada. Abramović inizia dall'estremità orientale, la parte chiamata Testa del dragone, mentre Ulay dalla provincia occidentale del Gansu. Novanta giorni di cammino li separano dall'incontro: un viaggio che verrà poi documentato in un film, *The Great Wall: Lovers at the Brink*, narrato in prima persona dai due artisti.

Ecco allora che l'atto del camminare diventa *altro*: una meditazione, un modo per trasformarsi da coppia in unità, caricarsi di nuove esperienze per ritrovarsi cambiati, modificati dal tempo, dal cammino, dalla distanza.

Quel che forse nessuno dei due aveva previsto (o forse sì) è che, in quegli otto mesi di preparativi e tre di viaggio, Ulay si sarebbe innamorato dell'interprete conosciuta durante i viaggi in Cina, e che lei sarebbe rimasta incinta. Un finale inaspettato.

«Che cosa devo fare adesso?» chiede lui.

«Non lo so» risponde lei, «ma io me ne vado.»

Finisce così *The Lovers*, che, ironia della sorte, è il titolo della performance. Ulay sposerà l'interprete e Abramović continuerà la sua carriera artistica. «E tutto questo srotolarsi di eventi non previsti, tutto questo *inatteso* è accaduto soltanto per aver pronunciato una parola, per essersi detti addio.»

Anche un momento di paura e di dolore, come il rischio di affogare quando si è bambini, può essere uno stimolo che si ripresenta e riproduce tutta la vita, così come un addio: meritano una riflessione, una sofferenza fisica.

La *lentezza della velocità* che Ballario è riuscito a rendere visibile nell'espressione artistica è in grado di comunicare tutta la potenza di una lentezza riflessiva, perché «una parola di pochissime lettere come "addio", può durare un'eternità».

E in questo modo forse riusciremo a diventare più veloci, proprio in virtù delle domande che l'arte può e deve generare in noi.

CISTERNINO. ESPERIENZE DI COMUNITÀ

«Acciambellato su di una collinetta verdeggiante.» Così una guida turistica descrive Cisternino, il borgo pugliese dal panorama che lascia estasiati: lo si ammira, dall'alto, dal belvedere di giardini che si affacciano su di un mare grigioverde di uliveti. E celebrano la terra popolata anche di vigneti e masserie della valle d'Itria e del suo orizzonte lontano che si perde nel mare.

Sono stati i monaci basiliani, nel Medioevo, a ricostruire, attorno a una badia, questo borgo che è anche patria dei *fornelli*: osterie in cui si cucinano a tutte le ore specialità tipiche di carne, nel segno antico di una tradizione di ospitalità che affonda le radici nella storia di questa comunità.

Massimo Sebastiani, l'abile rabdomante di significati che abbiamo imparato a conoscere durante le nostre tappe, mi ha raggiunta nell'ex abbazia basiliana e chiesa madre di San Nicola che si fa per noi teatro di immagini e testimonianze, alla ricerca di una parola che riassuma e rilanci il progetto forse più ambizioso ed esauriente di questa esperienza. Un collante trasversale che abbiamo in qualche caso riscoperto e toccato con mano, in qualche altro solo sognato. E che confidiamo possa accompagnarci lungo un nuovo cammino di speranza, dandoci segnali di un'appartenenza solida e mite insieme. *Comunità.*

Massimo mi ricorda che le parole sono *in cammino* nel tempo. Non conoscono un approdo definitivo, per lo meno finché noi esisteremo e ne plasmeremo il significato. Oltre che nel tempo, le parole, naturalmente, camminano nello spazio: alcune provengono dall'India, dalla Grecia, dal mondo romano, e lo hanno attraversato, magari spostandosi verso il Nord, la Germania o il mondo anglosassone.

Estremamente dinamiche, le parole racchiudono più significati di quanti ne conosciamo o utilizziamo. È il caso appunto di *comunità*, che attraversa e connota l'origine e il passato del monachesimo. Una parola in qualche modo carsica, perché scompare sottoterra e a un certo punto riemerge, magari solo per poco, per poi tornare sottotraccia.

Nel XIV secolo viene usata da John Wycliffe, controverso teologo medievale, per indicare semplicemente un «gruppo di gente comune». Qualche tempo dopo un altro personaggio singolare, il poeta Cecco d'Ascoli, arcinemico di Dante Alighieri, ne parla in un poema enciclopedico: *L'Acerba*, titolo che i futuristi Soffici e Papini molti secoli dopo sceglieranno per una loro celebre rivista.

Cecco d'Ascoli la richiama come un *vincolo comune*. Ma che cos'è questo *comune*, chiaramente all'origine anche del sostantivo «comunità»? Che natura ha? Qui l'etimologia ci illumina perché il termine è formato da *munus* e da *cum*. *Munus* vuol dire obbligo, incarico. Quindi il *comune* è un incarico che abbiamo insieme ad altri. Ma vuol dire anche dono. È quindi riconducibile, al tempo stesso, a due significati che si contraddicono. Che cosa c'è, infatti, di più *gratuito* di un dono? E che cosa di più contrario alla gratuità di un *obbligo*? Due concetti in contraddizione: donare qualcosa, ma essere anche obbligati a donare quella stessa cosa.

In Italia la parola «comunità» ha avuto un momento di grande rilancio, negli anni sessanta, con Adriano Olivetti e le sue Edizioni di Comunità, ma basterebbe pensare anche al mondo giovanile della fine di quel decennio, alle comunità hippie (ad esempio, quella di Christiania a Copenaghen, un quartiere totalmente autogestito e relativamente autosufficiente, la cui notorietà e appeal si sono oggi molto affievoliti) per ricordare fasi in cui questo termine ha indicato forme nuove e alternative di interazione e convivenza.

In tempi più recenti la pandemia ci ha fatto avvertire la necessità, di fronte al pericolo e ai timori suscitati dall'ignoto, di unirci e collaborare: in quel periodo ci siamo sentiti più comunità. Un libro dal titolo non casuale, *Immunitas*, è uscito proprio allora. Nel momento in cui tutti parlavamo di *comunità* e del senso di *comunità*, l'autore, il filosofo Roberto Esposito, ha messo in evidenza la contraddizione per cui, nello stesso tempo, tutti chiedevamo alla scienza, in quel caso, di renderci immuni dal pericolo del virus. *Immunitas*, infatti, è il contrario di *communitas*: perché al posto di *cum* ha un elemento privativo, *in*, perciò significa senza obbligo, senza incarico, senza dovere. Cioè vogliamo essere sciolti e liberati da un obbligo, un incarico, una condanna: il virus.

Una definizione di *communitas*, molto bella, recita invece: «I soggetti della comunità sono uniti da un dovere che li rende non interamente padroni di se stessi».

L'idea fondamentale della comunità non è tanto quella, oggi molto in voga, del fare rete (la *community*), non è semplicemente una somma, intesa come l'individuo moltiplicato per tanti singoli che guardano solo a se stessi.

Qui ogni individuo non pensa a se stesso in quanto tale, ma in quanto capace di contribuire a creare qualcosa insieme agli altri. In questo senso non si è «padroni di se stessi». Subito dopo, infatti, Esposito afferma: «Il comune non è caratterizzato dal proprio, ma dall'improprio o, più drasticamente, dall'altro. Da uno svuotamento – parziale o integrale – della proprietà nel suo negativo. Da una depropriazione che investe e decentra il soggetto proprietario facendolo uscire da se stesso. Ad *alterarsi*».

L'altro, colui che sta al di là del vuoto, vale più di te stesso. E tutti insieme siamo molto più della somma dei singoli individui. È questo il senso di una comunità intesa come solidarietà cui ci riportano le parole di don Giancarlo Carbonara, parroco della chiesa madre di San Nicola, il nostro «padrone di casa», con cui esploriamo il fondamento e l'idea di comunità. Per i cristiani – ci ricorda – esso risiede nell'annuncio gioioso fatto agli apostoli, il giorno di Pentecoste: «Gesù, che è morto per noi, è il Cristo. E il Signore è risorto».

Da quell'annuncio ogni comunità cristiana, secondo il sacerdote, fa derivare quattro aspetti fondativi cui si affiderà. L'ascolto della parola come sorgente di vita, fonte di nutrimento, ma anche deposito della tradizione e delle radici. La fraternità, che nelle prime comunità cristiane faceva sì che si condividesse ogni cosa (san Paolo utilizza l'immagine del corpo, dove tutte le membra sono al servizio le une delle altre). E da qui l'idea di comunità come vocazione, come *sinodalità* del camminare insieme. Il terzo pilastro è la preghiera, intesa come l'anima di una comunità che è luogo e oasi di spiritualità; una preghiera tanto personale quanto comunitaria. Infine il servizio, perché la comunità deve essere al servizio gli uni degli altri.

Don Carbonara rievoca l'esempio di Gesù e di quello splendido gesto di umiltà che è la lavanda dei piedi. «Anche noi dobbiamo metterci al servizio del prossimo e fare della comunità un ponte verso le istituzioni, la società, tutto quello che le sta attorno. E quindi il mio essere cristiano o prete nasce dallo stare in mezzo alla gente, prima come battezzato e poi come ministro di Dio.»

Rupchand, al secolo Roberto Corsi, è invece un devoto di Babaji e arricchisce il nostro incontro con una preziosa testimonianza sull'idea ed esperienza di comunità. Ha conosciuto Cisternino in India, dove ha scoperto l'esistenza in Puglia di un Ashram (cioè luogo di preghiera e di meditazione) dedicato a Babaji. Il suo primo viaggio qui risale al 1985. Per alcuni anni fa dunque la spola tra Alessandria, sua città natale, e Cisternino, dove alla fine si trasferisce e trova l'amore.

L'Ashram, in quanto comunità, non ha il solo scopo di diffondere il messaggio di Babaji, ma di aiutare e di servire, fornendo aiuto alle persone in difficoltà, con il messaggio che tutti siamo esseri divini.

«Siamo gocce d'acqua» dice Rupchand, «che finché hanno un corpo, una mente e un'immagine, sono gocce d'acqua. Ma quando tocchiamo l'oceano diventiamo oceano.» Per Roberto «la nostra goccia d'acqua è nella sua essenza oceano». Da qui il suo dedicarsi allo yoga, che significa unire. Unire il sé individuale con il sé universale.

Religioni, pratiche, scuole, percorsi, riti, testi sacri, preghiere, meditazione, tutto serve allo scopo di metterci nella giusta posizione coscienziale, che ci consenta di sviluppare la nostra natura divina. Essa si svela, con il silenzio, con la profonda meditazione, con la contemplazione.

«Esiste una sola religione che è l'umanità. Tutte le religioni portano a Dio» diceva Babaji. Percorsi diversi, approcci differenti, studi, testi, rituali, ciascuno può avere i suoi. Ma l'essenza della luce spirituale, della luce divina, del suono, della vibrazione è unica per tutti. E ce n'è una e una sola: la coscienza dell'unità.

Per Roberto «Gesù, Cristo, è stato una grandissima anima, un maestro venuto sulla Terra per donare se stesso portando un messaggio d'amore e di compassione, di perdono. È stato lui stesso l'esempio».

Se molti, nella storia dell'umanità, si sono fatti portatori di messaggi, il compito di ciascuno di noi nel vivere la vita è imparare a capire che cosa questi nostri maestri abbiano voluto trasmetterci, per metterlo in pratica.

«Chi è devoto di Gesù, preghi Gesù. Chi è devoto di Buddha, preghi Buddha. Chi è devoto di Krishna, preghi Krishna. Dio è uno, i percorsi tanti.» Sono parole di Babaji che Roberto ha fatto sue e messo in pratica. Battezzato, educato in una famiglia cattolica, non disconosce il cattolicesimo, e meno che mai «questa grande anima che è Gesù, che non è mai morto, che è sempre presente». Ma abbraccia lo yoga e questo percorso perché lo sente più affine alla sua natura, al suo modo di pensare, di vivere e di avvicinare la spiritualità.

Lo ascolto e, come già accaduto a Morimondo e a Viboldone, anche a Cisternino il dialogo e il confronto sulle parole non solo nutrono il bisogno di curiosità e di conoscenze, ma esaltano quella carica di futuro che il mondo delle abbazie sembrava aver fin qui come trattenuto e nascosto. Lo si coglie soprattutto esplorando quest'ultimo tema, quello di una comunità che abbraccia l'*oltre* della geografia che abbiamo attraversato. Ci accorgiamo infatti che i punti di osservazione che abbiamo intercettato, pur così diversi, convergono in un ascolto e in un sentire comune. Che scopre nel legame comunitario *qualcosa di più*, una qualità di natura diversa dal computo e dallo stare insieme delle singole unità. Vien da dire: un'*anima*.

Un ultimo e conseguente movimento promana infine dalla comunità del mondo abbaziale, ma stavolta per darsi una stabilità, un ordine, una Regola. Una proposta disciplinata di vita comune, destinata a lasciare un segno profondo.

LA CARTA DELLA DEMOCRAZIA

Molto è stato detto e scritto su quanto il modello dell'organizzazione monastica possa ancora proporci. In particolare riguardo al mondo delle imprese (se ne è occupata persino la Columbia Business School con un titolo curioso e accattivante: *Business Secrets of the Trappist Monks*) e in materie più che attuali, come la sostenibilità e la *social responsibility*, ma anche il trattamento dei dipendenti, il coordinamento armonico tra segmenti della produzione e il tema della *mission* aziendale.

Solo di recente, però, la questione dell'autogoverno è stata compiutamente esplorata.

La ricerca di stabilità nasce dal bisogno di rispondere al

vuoto e allo smarrimento che le comunità abbaziali, specie quelle animate da figure carismatiche, sperimentavano – in assenza di norme sicure – alla morte della loro guida.

La Regola di Benedetto era stata concepita per un solo monastero, ma con il proliferare di numerose congregazioni (è il caso dei cistercensi che, come abbiamo visto, conoscono il fenomeno della filiazione), bisognava adattarla e darsi un testo che nessuna organizzazione monastica aveva mai posseduto fino a quel momento. Nasce così la *Charta caritatis*, promulgata nel dicembre del 1119, un secolo prima della *Magna charta*, con l'approvazione di papa Callisto II e ritenuta opera di più mani. Sicuramente quelle del monaco inglese Stefano Harding, che abbiamo conosciuto come cofondatore di Cîteaux, di Roberto di Molesme e di Alberico di Cîteaux. C'è chi afferma che la *Charta* possa essere considerata il primo documento costituzionale del Medioevo.

Una proposta verso cui si è tornati a guardare proprio per le suggestioni e il sapere che sembra poter offrire al governo della complessità delle nostre società e delle loro dinamiche.

Caratteristica della *Charta* è quella di essere, seppure radicata nella tradizione religiosa, fondamentalmente un testo giuridico prodotto per regolare i rapporti fra l'abbazia madre e le abbazie figlie; sancire norme di comportamento, costumi e leggi comuni; definire ruolo, compiti, limiti e relazioni dell'autorità, regolandone i sistemi di successione e indicando le procedure e i meccanismi di elezione degli abati; regolamentare le riunioni e le visite; stabilire le reprimende e le punizioni previste per le trasgressioni.

Nasce così con la *Charta* quella che alcuni definiscono

una forma di federalismo monacale capace di ordinare la vita di una comunità con tutta evidenza transnazionale e in forte crescita.

Fin dal prologo, questo documento evidenzia una carica visionaria soprattutto nel porre l'accento sulla prevenzione di conflitti che potrebbero attraversare un mondo geograficamente distribuito, distante e separato ma che soltanto successivamente conoscerà questa vasta espansione spaziale: «In questo decreto, i suddetti fratelli, allo scopo di non compromettere in futuro la vicendevole pace, hanno evidenziato, stabilito e tramandato ai posteri a quale condizione e in qual modo, anzi con quale carità, i loro monaci, separati fisicamente nelle abbazie sparse nelle diverse parti del mondo, fossero indissolubilmente uniti nello spirito. Deliberarono anche che questo scritto si chiamasse *Carta di Carità*, poiché il suo statuto, rifiutando ogni tipo di esazione, si ispira unicamente alla carità e al bene delle anime sia nelle cose divine che umane»*.

Il documento è l'emanazione della volontà di una comunità di darsi delle regole, stringendo un patto che unisce tutti coloro che lo avranno accettato come «degli uguali nell'amore». E si fa garante della futura pace tra i suoi membri sostituendo alla figura carismatica del fondatore un testo-emanazione della volontà della comunità.

La *Charta* sancisce il rifiuto di ogni predominio gerarchico o giuridico-patrimoniale del monastero centrale, dedicando molte pagine all'orizzonte organizzativo della comunità dei monasteri. Crea inoltre un organo assolutamente

* *La carità come forma suprema della politica*, in «Il Foglio», 8 ottobre 2019 (inserto *Il pensiero dominante*).

innovativo: il Capitolo generale, l'assemblea annuale di tutti gli abati, aventi tutti pari dignità.

Come suggerisce Gert Melville, studioso del monachesimo che già abbiamo incontrato: «L'assenza di una testa nel corpo dell'ordine rese necessario compensare questa mancanza con l'insieme delle altre membra. Il corpo tuttavia si lasciava comandare solo col consenso di ogni sua parte»*.

Guardando all'esperienza dei cistercensi e alla tipologia di elezione che scelgono, lo storico medievista Jacques Dalarun** ha suggerito che il Medioevo proponga un «abbozzo di democrazia» meno astratto del modello classico ateniese, costruendo un'architettura e un'arte del governare.

Questo modello, nato in ambito religioso, slitta verso l'universo civile, al punto che «l'assemblea comunale si teneva talvolta nel convento francescano».

Nei precedenti esempi di democrazia – come nel già citato modello ateniese –, l'uguaglianza e i diritti erano solo per le élite, oltre le quali c'era il mondo opaco e diseguale della schiavitù. Il solo modello democratico radicato in un'affermazione di parità – di uguaglianza morale e unicità degli uomini davanti alla legge, con al centro la sacralità e l'inviolabilità della persona – è quello che il monachesimo ci consegna.

Appena qualche anno fa – celebrando i novecento anni dalla approvazione –, la *Charta Caritatis* è parsa poter rappresentare, per noi contemporanei, molto più di un testo devozionale: la proposta di un'idea e di un modello di socie-

* Gert Melville, *Le comunità religiose nel Medioevo*, Brescia, Morcelliana, 2020, p. 159.

** Jacques Dalarun, *Gouverner c'est servir. Essai de démocratie médiévale*, Parigi, Alma Éditeur, 2020.

tà civile cui ispirarsi. Capace però di andare oltre l'architettura dell'uguaglianza tra i monaci e della *conta* dei numeri.

Quel cenno, ad esempio, alla *qualità* della comunità, intesa come qualcosa di più e di diverso dalla somma dei suoi singoli componenti, non va resettato. È importante sottolinearlo perché – senza voler entrare nello spazio del sacro che pure le testimonianze che hanno interpretato la parola «comunità» suggeriscono –, non penso che risolveremmo la crisi delle nostre forme di governo richiamando *soltanto* l'architettura e la forma che la *Charta* presenta.

Vi è comunque chi in qualche modo distingue e separa la cura delle anime – il cuore di quel documento – dalla cura delle relazioni umane e dei rapporti fra le diverse autorità che ne costituisce comunque l'ossatura. Da qui l'esito di un testo sulla *governance* la cui portata va ben oltre i confini della religiosità medievale che lo ha ispirato.

Proprio la carità, che il titolo della *Charta* evoca, permea tutte le prescrizioni previste, ispira e indica il principio della relazione tra i monasteri definito fin dal primo articolo del documento: «Non imponiamo alcuna tassa né sui beni materiali né sulle cose temporali ai nostri abati e monaci confratelli».

Equità, uguaglianza, il chiamarsi vicendevolmente fratelli e considerarsi uguali a tutti gli altri («poiché tutti voi siete uno in Cristo» dice san Paolo) affondano le radici in un'idea dinamica di giustizia che invita a «rendersi uguali anche agli inferiori» e che, ad esempio, nel caso in cui un'abbazia si trovi in una situazione di povertà, fa obbligo a ciascun abate, «acceso dalla più grande carità», di impegnarsi «a risollevare l'indigenza di quell'abbazia con i beni concessi da Dio a ciascuno, secondo le proprie risorse».

Mi sembra oltremodo ricco di significato che la storia di queste comunità ci ricordi proprio oggi come la democrazia non si decreti dall'esterno, ma s'inventi dall'interno. La democrazia è un'esplorazione del possibile, un'invenzione autonoma. E questo ci dà una nuova speranza.

Che possa forse trovarsi qui, in questo intreccio originale di solidarismo e sentimento che fa della comunità un lievito in grado di animare il grande corpo della società, l'antidoto per la crisi delle istituzioni democratiche che stiamo vivendo, con una fuga sempre più evidente dalla partecipazione politica? Che sia questa un'altra grande opportunità per rivisitare e rinnovare il profilo storico del monachesimo? Che sia un ultimo prezioso viatico dall'esperienza del nostro cammino?

Epilogo
Una nuova speranza

Il racconto corale che ha attraversato queste pagine conosce ora un momento di pausa. La riflessione è necessaria per rivivere il fiume di emozioni, di stupori, e soprattutto di incontri che ci hanno accompagnato fin qui e che ho provato a ordinare con il soccorso di quelle piccole comete, le parole, che hanno orientato ogni tappa del cammino. A cominciare da quel motore di conferme e cambiamenti della vita quotidiana che va sotto il nome di tradizione e che il monachesimo richiama e rifonda, spesso senza paura, adattandosi allo spirito del tempo, ma anche piegandolo. Perché capace di innovazione.

Lo abbiamo riconosciuto e riscoperto per una sorta di nostalgia e però anche per una nuova speranza, che si è rafforzata nel corso di questi tre anni. La speranza che il sentimento del tempo che il monachesimo – scandito dal ritmo delle stagioni e delle attese – ci insegna e ci invita a sposare ci aiuti a governare il caos di una società della velocità che soffoca e inghiotte le relazioni, nel mare di una folla solitaria. Da qui il richiamo alla lentezza, una *lentezza veloce*, però, che non ci allontani e non ci separi da quella porzione di vantaggi che la tecnologia pure ci regala. Che ci faccia essere parte attiva di questo nostro tempo per affrontare e superare in un *essere insieme* originale – lo spirito di comunità – gli incerti e gli ostacoli di quel mondo complesso e plurale che chiamiamo società.

Prevale un vivo sentimento di gratitudine per aver potuto conoscere l'emozione di abitare, sia pure per poche ore, le tante architetture dello spirito di questo cammino che hanno contribuito in così larga parte all'Umanesimo e al Rinascimento europeo.

E mi conforta aver potuto raccontare qui come questo mondo di comunità ideale sia vivo, in tante forme. Lo testimonia bene, ad esempio, l'orgoglio con cui le monache, nelle parole di madre Ignazia Angelini che è stata loro abbadessa, rivendicano a Viboldone la loro passione per il luogo e la «marginalità rispetto alla grande città, la grande metropoli, la città della moda, la città della finanza, la città delle prossime Olimpiadi».

Ai margini (geografici, certo, viene da dire), ma con la fierezza di rappresentare un luogo di custodia, con il laboratorio di restauro dei libri antichi, di ciò che è più prezioso anche nella grande città. E poterlo condividere con gioia.

«Eravamo una comunità molto vispa. Oggi siamo una piccola comunità, solo femminile, ma il tema dell'accoglienza, dell'ospitalità ci sta molto a cuore e abbiamo la forte e grande gelosia di custodire questo tesoro.» Ancora mi accompagnano le parole di madre Ignazia, che manifestano una cura scrupolosa dell'antico perché generi il nuovo, una libertà e una semplicità che oggi manca a una società che si complica da sé, senza più una direzione. «Piena di domande e povera di senso», come madre Ignazia l'ha dipinta.

Bello e tenero insieme è stato anche apprendere da lei che il cardinale Alfredo Schuster, vescovo alla fine della Seconda guerra mondiale, non voleva che le suore si fermassero a Viboldone, ritenendo la bassa milanese una zona malfamata, acquitrinosa, umida. Le monache invece hanno scelto di restare umili con gli umili, con i più poveri che in tempo di guerra non avevano né scuole né assistenza sanitaria. Per condividere con loro la speranza di una nuova epoca che hanno visto affacciarsi per poi restarne deluse. Una speranza che però rilanciano oggi, in un presente – per quanto oscurato da tante guerre – pur sempre carico di futuro. Perché questo mondo del monachesimo ci conforta nella speranza. E questa speranza, non solo per me, è *In cammino.*

Giubileo 2025 No'hma
In cammino – Abbazie d'Europa
Tappe dal 21 luglio 2023 a maggio 2025

Accompagnato da Livia Pomodoro e Tonino Bettanini (direttore di In cammino – Abbazie d'Europa*), il gruppo si è arricchito via via di nuovi, fedeli pellegrini, tra cui Claudio Serafini (direttore di Organic Cities Network Europe) e Massimo Sebastiani (giornalista* ANSA *responsabile della rubrica* La parola della settimana*).*

Ogni tappa, associata a una «parola guida», è stata caratterizzata da tre momenti: un primo incontro o dibattito, un secondo centrato sulla riflessione spirituale e infine un terzo dedicato alle performance artistiche.

I TAPPA - 21 LUGLIO 2023
Abbazia di Sant'Agostino, Canterbury (Gran Bretagna)
PELLEGRINAGGIO

In cammino
Jean Butcher, sindaca di Canterbury
Tom Mellish, sceriffo di Canterbury
Connie Nolan, consigliere per la Comunità

Pellegrini di speranza
David Monteith, decano di Canterbury

Il pellegrinaggio: dal Medioevo ai viaggiatori di oggi
Simonetta Solder, attrice
Andrea Antonio Verardi, storico, Pontificia università gregoriana

II TAPPA - 15 SETTEMBRE 2023
Abbazia di Chiaravalle Milanese (Milano)
SPIRITUALITÀ

Sostenibilità e cibo: Positive Food, una nuova proposta di etichettatura
Giovanni Barbara, professore straordinario di Diritto commerciale, Università LUM (Libera università mediterranea) di Bari
Patrizio Bianchi, cattedra UNESCO Educazione, crescita e uguaglianza presso l'Università di Ferrara
Paolo De Castro, Parlamento europeo
Riccardo Garosci, presidente AICE (Associazione italiana commercio estero di Confcommercio)
Pier Filippo Giuggioli, professore di Diritto privato comparato, Università Statale di Milano

Spiritualità oggi
Padre Stefano Zanolini, abate di Chiaravalle
Mario Abis, Università IULM

Spiritualità nell'arte contemporanea
Concerto del Quartetto Archimia
Andrea Anzalone, violoncello
Paolo Costanzo, violino
Matteo Del Soldà, viola
Serafino Tedesi, violino
con Nicolas Ballario, critico d'arte, giornalista e curatore

III TAPPA - 29 NOVEMBRE 2023
Distretto abbaziale di San Gallo (Svizzera)
SILENZIO

Il silenzio tra parola, arte e storia
Paolo De Simeis, presidente COMITES (Comitato degli italiani all'estero) Svizzera orientale
Cornel Dora, direttore della Biblioteca di San Gallo
Maria Pappa, sindaca di San Gallo

Eleonora Rothenberger, presidente Società Dante Alighieri di San Gallo

Lectio magistralis del cardinale Gianfranco Ravasi

Simonetta Solder, attrice
Vincenzo Zitello, arpe

IV TAPPA - 21 DICEMBRE 2023
Certosa di San Lorenzo, Padula (Salerno)
BELLEZZA

Bio-sostenibilità, eccellenze agroalimentari, turismo e futuro dei presidi territoriali in Italia e in Europa: Bio-distretto e ParcoCilento
Salvatore Basile, direttore Bio-distretto INNER (International Network of Eco Regions)
Emilio Buonomo, direttore Bio-distretto Cilento
Michela Cimino, sindaco di Padula
Rossella Galletti, professoressa di Antropologia culturale e simbolica presso l'Università Suor Orsola Benincasa di Napoli
Giovanni Guzzo, vicepresidente della Provincia di Salerno
Anna Nigro, presidente Bio-distretto Cilento
Rosanna Romano, direttrice del Dipartimento Cultura della Regione Campania

La bellezza nella religione e nell'etica
Monsignor Francesco Savino, vicepresidente CEI (Conferenza episcopale italiana) per l'Italia meridionale
Massimo Sebastiani, caporedattore centrale ANSA

Antonella Ruggiero in concerto con Roberto Olzer al pianoforte

V TAPPA - 24 FEBBRAIO 2024
Abbazia di Plankstetten (Germania)
TERRA

Madre Terra. Realtà bio e agricoltura d'eccellenza in Europa: l'esperienza dell'Abbazia di Plankstetten

Werner Ebert, coordinatore della BioMetropoli di Norimberga e Organic Cities
Stefania Iacomi, assessore all'Agricoltura, Comune di Fiesole
Sergio Maffettone, console generale d'Italia a Monaco di Baviera
Padre Beda Maria Sonnenberg (ordine di san Benedetto), abate di Plankstetten

Antartide, tra cielo, ghiaccio e terra
Chiara Montanari, ingegnera ed esploratrice

Ensemble Micrologus in concerto
Patrizia Bovi, canto e arpa, tromba medievale
Goffredo Degli Esposti, flauto doppio, cornamusa
Lorenzo Lolli, canto, tamburello
Gabriele Russo, viola, tromba medievale
Enea Sorini, canto, naccaroni

VI TAPPA - 22 APRILE 2024
Abbazia di Notre-Dame de Scourmont (Belgio)
ACQUA

Le forme dell'acqua
Alessandro Bonin, Export Area Manager Bières et Fromages de Chimay
Michele Cercone, Comitato europeo delle Regioni
Denis Danvoye, sindaco di Chimay
Ariane Dewulf, responsabile qualità Bières et Fromages de Chimay
Federica Favi, ambasciatrice d'Italia a Bruxelles
Wouter Hessels, professore di storia del Cinema RITCS (Erasmushogeschool) e dell'INSAS (Institut Supérieur des Arts)
Veronica Manfredi, direttrice Zero Pollution and Green Cities
Xavier Pirlot, direttore generale Bières et Fromages de Chimay
Padre Armand Veilleux (ordine dei cistercensi della stretta osservanza), dottore in teologia
Laurence Vielle, poetessa

VII TAPPA - 23 APRILE 2024
Abbazia di Notre-Dame d'Orval (Belgio)
ACQUA

Riflessi nell'acqua. Da Matilde di Canossa all'emergenza climatica: storia, scienza e attualità di un bene primario per l'umanità
Pier Beretta, ambasciata italiana dei Sossons d'Orvaulx
Salvatore Carrubba, console onorario del Belgio a Milano
Padre Xavier Frisque (ordine dei cistercensi della stretta osservanza)
Allegra Iafrate, direttrice Istituto italiano di cultura di Bruxelles
Louis-Marie Kemp, gran maestro dei Sossons d'Orvaulx
Pietro Pizzuti, attore e drammaturgo
Anne-Françoise Pypaert, ingegnera e prima donna a ottenere il titolo di mastro birraio in un birrificio trappista
Valter Quistini, ambasciata italiana dei Sossons d'Orvaulx

Eaudyssée: l'eau en concert
Concerto degli Arthmony
Thomas Arnett, polistrumentista
Mattisix, tastiere/elettronica
Emanuel Vilardi, chitarra e voce
Donata Vilardi, voce

VIII TAPPA - 2 LUGLIO 2024
Abbazia di Chiaravalle della Colomba, Alseno (Piacenza)
CIBO

Pan de li Angeli (Dante): coltivare il pane. Natura, agricoltura, cambiamenti climatici e diritto al cibo
Padre Silvestro Buttarazzi (ordine cistercense), priore di Chiaravalle della Colomba
Monsignor Adriano Cevolotto, vescovo di Piacenza-Bobbio
Francesco Ferrari, vicepresidente dell'Associazione europea delle Vie Francigene
Lucrezia Lamastra, Dipartimento di Scienze e Tecnologie Ali-

mentari per una filiera agro-alimentare Sostenibile (DiSTAS) dell'Università Cattolica del Sacro Cuore di Piacenza
Carola Ricci, Dipartimento di Scienze Politiche e Sociali dell'Università degli studi di Pavia
Davide Zucchi, sindaco di Alseno

Il cibo, nutrimento del corpo e dell'anima
Monsignor Franco Maria Giuseppe Agnesi, vescovo ausiliare di Milano
Francesca Rigotti, filosofa e saggista

Concerto del quartetto Archimia
Mariangela Bettanini, voce

IX TAPPA - 9 LUGLIO 2024
Distretto abbaziale di Fulda (Germania)
RADICI

De Cultura Hortorum. Da Walahfrid Strabo a oggi
Gereon Becht-Jördens, direttore scientifico dell'Istituto Bibliotheca Fuldensis
Massimo Darchini, console generale d'Italia a Francoforte
Thomas Heiler, assessore alla Cultura Città di Fulda
Cornelius Roth, rettore della Facoltà di Teologia di Fulda
Alessandra Sorbello Staub, direttrice della Biblioteca Fulda
Suor Christa Weinrich, ingegnera agronoma

Fulda, città spirituale e il ruolo dei francescani
Cornelius Bohl (ordine dei frati minori), padre guardiano del Kloster Frauenberg
Hermann Diel, giornalista

«Anche voi siete un giardino»
Musikschule der Stadt Fulda
Simonetta Solder, attrice
VocaMe, ensemble
Sigi Hausen

Sarah M. Newman
Petra Noskaiová
Michael Popp
Gerlinde Sämann

X TAPPA - 17 LUGLIO 2024
Abbazia di Santa Maria di Follina (Treviso)
INTRECCI

Terroir, storia e futuro di un grande spumante: il prosecco
Marco Alberti, ambasciatore d'Italia in Kazakistan
Paola Carniello, sindaca di Follina
Bernardo Piazza, presidente CE.VI.V (Centro di Vinificazione Valdobbiadenese)
Padre Francesco Rigobello (ordine dei servi di Maria), priore dell'abbazia di Santa Maria di Follina
Diego Tomasi, direttore del Consorzio di tutela del Conegliano Valdobbiadene Prosecco DOCG
Giuliano Vantaggi, *site manager* dell'Associazione per il Patrimonio delle Colline del Prosecco di Conegliano e Valdobbiadene

Intrecci della materia e dello spirito
Corrado Pizziolo, vescovo di Vittorio Veneto
Marco Zabotti, direttore scientifico e vicepresidente dell'Istituto beato Toniolo

«Dietro i Suoi passi, la gioia!»
Paolo Bignamini, regista
Giovanni Crippa, autore e attore

XI TAPPA - 25 LUGLIO 2024
Abbazia di San Benedetto in Polirone / Chiesa di Santa Maria della Vittoria (Mantova)
LENTEZZA/VELOCITÀ

ABBAZIA DI SAN BENEDETTO IN POLIRONE
Abbazie, territorio e prodotti: la lezione del «tempo lento»

Patrizio Bianchi, cattedra UNESCO Educazione, crescita e uguaglianza presso l'Università di Ferrara
Federica Guidetti, conservatrice del Museo civico del Polironiano
Roberto Lasagna, sindaco di San Benedetto Po
Paolo Massobrio, giornalista, scrittore, gastronomo, ideatore di *Golosaria*
Barbara Mazzali, assessore al Turismo, Marketing territoriale e Moda della Regione Lombardia
Stefano Pizzini, associazione Prati stabili della Valle del Mincio
Carlo Triarico, presidente dell'Associazione per l'agricoltura biodinamica
Enrico Volpi, consigliere con delega al Turismo, Edilizia, Patrimonio e Demanio della Provincia di Mantova

CHIESA DI SANTA MARIA DELLA VITTORIA
L'uomo più veloce, l'animale più lento. Nuvolari e la tartaruga nel mondo di oggi
Nicolas Ballario, critico d'arte, giornalista e curatore
Giampaolo Benedini, responsabile Relazioni esterne della Scuderia Tazio Nuvolari Italia
Dino Betti van der Noot, compositore, direttore d'orchestra
Roberto Boninsegna, vicecampione del mondo con la Nazionale di calcio nel 1970
Laura Delfino, CEO di SbrisolAut
Bruno Giacomelli, ex pilota automobilistico
Guido Meda, vicedirettore Sky Sport e telecronista MotoGP
Barbara Novellini, vicepresidente di Confindustria Mantova
Daniele Pagliari, presidente Panathlon Tazio Nuvolari e Learco Guerra
Stefano Savoia, rettore della concattedrale di Sant'Andrea apostolo, direttore dei Beni culturali, edilizia di culto, arte sacra e Museo diocesano di Mantova
Italo Scaietta, presidente Associazione Amici di Palazzo Te e dei Musei mantovani
Adalberto Scemma, professore di Giornalismo sportivo presso l'Università degli studi di Verona

Con la partecipazione di
Federico Biancoli, campione italiano di salto con l'asta
Giovanni Grazioli, primatista europeo della 4×100
Learco Guerra Jr, ciclista velocista
Diego Marani, campione italiano nei 200 metri e nella 4×100
Onorio Marocchi, vincitore della Coppa del mondo di bob
Simona Parmiggiani, campionessa italiana dei 100 ostacoli

XII TAPPA - 13 SETTEMBRE 2024
Abbazia di Notre-Dame de Koningshoeven, Berkel-Enschot (Olanda)
PUREZZA

Luoghi e tempi della sostenibilità: dal recupero degli spazi architettonici all'agricoltura, alla purezza di ciò che mangiamo e beviamo
Peter Kok, direttore della biblioteca del Midden-Brabant
Veronica Manfredi, direttrice Zero Pollution and Green Cities nella Direzione generale Ambiente della Commissione Europea
Maximilian Felix Schupp, consigliere regionale Città anseatica di Brema, senatore per lo Sviluppo, il Clima e la Scienza
Conny van Rooij, responsabile Seats2meet Tilburg Spoorzone
Anne van Strien, autrice del volume *Regenerative Water Management*

Jazzy Combo The Buddy's in concerto
Theo Brok, clarinetto e sax
Pieter de Lange, contrabbasso
Frie Kremers, chitarra e banjo
Jan van Bergen, batteria e voce

XIII TAPPA - 14 SETTEMBRE 2024
Abbazia di Berne, Heeswijk-Dinther (Olanda)
PUREZZA

Ton Groote Schaarberg, Associazione volontari abbazia di Berne

Padre Joost Janssen (canonici regolari premostratensi), pastore della parrocchia di Sant'Agostino a Berlicum/Middelrode
Wim van der Heyden, Associazione volontari abbazia di Berne
Martin van der Wetering, Associazione volontari abbazia di Berne

XIV TAPPA - 1° OTTOBRE 2024
Ex abbazia basiliana e chiesa madre di San Nicola, Cisternino (Brindisi)
COMUNITÀ

L'idea di comunità come motore della sostenibilità. Le imprese e la sfida del cambiamento
Giovanni Barbara, professore straordinario di Diritto commerciale, Università LUM (Libera università mediterranea) di Bari
Pier Filippo Giuggioli, professore di Diritto privato comparato, Università Statale di Milano
Pietro Loconte, Associazione meteo valle d'Itria
Nicola Pentassuglia, presidente della cooperativa Progresso agricolo, Fasano
Lorenzo Perrini, sindaco di Cisternino
Francesco Paolo Sisto, viceministro della Giustizia
Mimmo Tamborrino, archeologo e direttore del MAAAC (Museo arte archeologica arte contemporanea) di Cisternino
Francesco Zaccaria, sindaco di Fasano

La relazione di comunità come stile di vita: un'eredità del passato, una prospettiva di avvenire
Don Giancarlo Carbonara, parroco della chiesa madre di San Nicola di Cisternino
Rupchand, al secolo Roberto Corsi, devoto di Babaji
Cardinale Matteo Maria Zuppi, presidente della CEI (Conferenza episcopale italiana)

Concerto dell'Orchestra di Fiati Vitino Zizzi diretta dal maestro Donato Semeraro

XV TAPPA - 28 OTTOBRE 2024
Abbazia di Fontenay, Borgogna (Francia)
REGOLA

Le buone regole per la sostenibilità
Anne Caillaud, assessora alla Cultura di Beaune
Aubert Lefas, responsabile del Domaine Lejeune, Pommard
Olivier Le Roy, direttore della Cité des Climats et vins de Bourgogne, Beaune
Alain Suguenot, sindaco di Beaune

XVI TAPPA - 29 OTTOBRE 2024
Abbazia di Notre-Dame di Cîteaux (Francia)
REGOLA

La Regola di san Benedetto e la Riforma cistercense
Padre Pierre-André Burton, abate di Cîteaux
Alain Cartron, sindaco di Nuits-Saint-Georges
Angelo Rusconi, docente di Storia della musica presso il Civico istituto musicale di Lecco e docente di Canto ambrosiano presso la Scuola universitaria della Svizzera Italiana
Giovanni Vianini, fondatore della Schola Gregoriana Mediolanensis
Padre Stefano Zanolini, abate di Chiaravalle Milanese

Concerto per organo e violoncello nella chiesa di Saint-Symphorien, Nuits-Saint-Georges con Jehanne Nicolas e Jean-Claude Rauppe (organo), Évelyne Peudon (violoncello)

XVII TAPPA - 11 DICEMBRE 2024
Abbazia dei Santi Pietro e Paolo in Viboldone (Milano)
ARTE DEL CUSTODIRE

L'arte del custodire. Cura e tutela del patrimonio storico-artistico
Madre Ignazia Angelini, badessa emerita di Viboldone
Aldo Gasparini, presidente dell'Associazione amici dell'abbazia di Viboldone

Suor Maria Antonietta Giudici, responsabile del laboratorio di restauro del libro antico dell'abbazia di Viboldone
Madre Anna Maria Pettoni, badessa della comunità monastica delle benedettine di Viboldone
Marco Segala, sindaco di San Giuliano Milanese
Giuseppina Suardi, restauratrice degli affreschi di Viboldone

Salvare i tesori del sapere e dell'arte
Madre Ignazia Angelini, badessa emerita di Viboldone
Salvatore Carrubba, giornalista, accademico e manager
Monsignor Marco Navoni, prefetto della Biblioteca ambrosiana
Serafina Pignotti, docente di Tecnologie dei materiali per il restauro presso l'Accademia di Brera

XVIII TAPPA - 12 DICEMBRE 2024
Abbazia di Morimondo (Milano)
BIODIVERSITÀ

La biodiversità: valore ambientale e sociale nel modello produttivo agricolo lombardo
Davide Carnevali, presidente del Rotary Club Morimondo Abbazia
Patrizia Digiovinazzo, tecnico ERSAF (Ente regionale per i servizi all'agricoltura e alle foreste)
Annastella Gambini, docente di Didattica della biologia per insegnanti di scuola primaria e dell'infanzia all'Università degli studi di Milano-Bicocca
Maddalena Gioia Gibelli, presidente della Casa dell'agricoltura
Paolo Mira, direttore e conservatore del Museo dell'abbazia di Morimondo
Maurizio Rivolta, consigliere Parco del Ticino e vicepresidente FAI
Don Giancarlo Sala, parroco di Santa Maria Nascente

I colori della biodiversità
Don Virginio Colmegna, presidente onorario della Fondazione casa della carità Angelo Abriani ONLUS di Milano

Gloria Mari, presidente della Nocetum società cooperativa sociale
Padre Stefano Zanolini, abate di Chiaravalle Milanese

Fabio Vacchi, compositore

Archiworld. Il mondo come una grande orchestra
Concerto del Quartetto Archimia

XIX TAPPA - 11 GENNAIO 2025
Monastero di Sant'Anna / Abbazia di Santa Croce in Sassovivo, Foligno (Perugia)
TRADIZIONE

MONASTERO DI SANT'ANNA
Tradizione e innovazione. Storia ed attualità delle eccellenze del territorio umbro
Chiara Biscarini, co-titolare della cattedra UNESCO Gestione e cultura delle risorse idriche presso l'Università per Stranieri di Perugia
Mauro Gramaccia, referente per il servizio di salvaguardia della biodiversità regionale di interesse agrario, 3A Parco tecnologico agroalimentare dell'Umbria
Pierluigi Mingarelli, direttore del Laboratorio di Scienze sperimentali di Foligno
Ivo Picchiarelli, storico delle tradizioni popolari umbre
Luca Radi, presidente dell'Associazione Pro Foligno
Lorenzo Schiarea, assessore alle Politiche sociali, Welfare, Edilizia residenziale pubblica e Cooperazione internazionale del Comune di Foligno

ABBAZIA DI SANTA CROCE IN SASSOVIVO
I valori della tradizione
Fratel Gabriele Faraghini (congregazione per l'evangelizzazione dei popoli), priore di Sassovivo
Luigi Sensi, presidente dell'Accademia Fulginia

«Volgi gli ochi.» Laudi e devozione popolare tra Medioevo e Umanesimo
con l'ensemble Anonima Frottolisti
Massimiliano Dragoni, dulcimelo, percussioni antiche e zampogna
Kateřina Ghannudi, arpa quattrocentesca e voce
Simone Marcelli, organo portativo, *clavicymbalum* e voce
Luca Piccioni, liuto e voce

XX TAPPA - 22 FEBBRAIO 2025
Abbazia di San Miniato al Monte, Certosa di Firenze
PACE

Nutrire i territori, energia per la pace
Lucio Cavazzoni, presidente Bio-distretto dell'Appennino bolognese
Zeffiro Ciuffoletti, professore emerito dell'Accademia dei Georgofili di Firenze
Monsignor Vasco Giuliani, canonico onorario del Capitolo della Cattedrale
Luca Milani, capogruppo consiliare del Partito democratico
Paolo Orefice, professore emerito cattedra Transdisciplinare UNESCO Sviluppo umano e cultura di pace
Padre Placido Maria Imparato, abbazia di San Miniato al Monte
Roberto Scalacci, direttore presso la Direzione agricoltura e sviluppo rurale della Regione Toscana
Antonio Taddei, presidente del Rotary Club Firenze Granducato
Carlo Triarico, presidente dell'Associazione per l'agricoltura biodinamica

Le vie della pace tra fede, arte e cultura
Don Carmelo Mezzasalma, superiore della Comunità di San Leolino
Paolo Orefice, professore emerito cattedra transdisciplinare UNESCO Sviluppo umano e cultura di pace

«Passaporto per la Pace»
David Riondino, voce
Fabio Battistelli, clarinetto

XXI TAPPA - 29 MARZO 2025
Abbazia di San Nicolò del Boschetto, Museo diocesano (Genova)
PASSIONE

Cammini religiosi: proposte e prospettive
Francesco Ferrari, presidente dell'Associazione europea delle Vie Francigene
Luca Lombardi, assessore al Turismo e Marketing territoriale della Regione Liguria
Federico Marenco, direttore generale del Turismo, Agricoltura e Aree protette della Regione Liguria

Passione
Marco Bucci, presidente della Regione Liguria
Marzia Cataldi, professoressa di Storia del costume, Università di Genova
Monsignor Marino Poggi, canonico del Capitolo della Cattedrale di San Lorenzo

«Passione: canti e canzoni»
Mariangela Bettanini, voce
Giangi Sainato, chitarra

XXII TAPPA - 3 MAGGIO 2025
Abbazia di Santa Maria La Sanità del Casale, Pisticci (Matera)
GRANO

Coltivare il grano, nutrire la comunità
Domenico Albano, sindaco di Pisticci
Gerardo Larocca, presidente ANCI (Associazione nazionale comuni italiani) Basilicata
Cosimo Latronico, assessore alla Sanità della Regione Basilicata

Beniamino Laurenza, presidente Pro Loco Pisticci

Nino Muliero, produttore di grano, pasta e prodotti da forno biologici, Basilicata

Tommaso Muliero, azienda Sapori di Villa Paradiso

Grazia Panetta, capogruppo FAI di Pisticci e della Valle dei Calanchi

Alessandro Quinto, presidente dell'Organizzazione di Produttori Agorà

Viviana Verri, consigliere dell'Ufficio di presidenza della Regione Basilicata

Simbolismo e ruolo del grano nella storia lucana

Don Gianluca Bellusci, presbitero diocesano, docente presso l'Istituto teologico di Basilicata

Dino D'Angella, storico

Massimo Cifarelli, referente del Consorzio panificatori di Matera

Don Antonio Di Leo, parroco, rettore della parrocchia santuario Cristo Re – Madonna del Casale

Isabella Romano, vicecaporedattrice del TG1 e conduttrice televisiva

«Da nobis panem»

Sand Art di Anna Maria Pagliei

Giulia Iannuzziello, letture

Carmine Milano, chitarra

Mariano Pastore, clarinetto

Mirella Troiano, regia

Ringraziamenti

Questo libro, che vuole essere soprattutto un segnale di speranza per il futuro, non sarebbe mai nato senza la collaborazione di Tonino Bettanini (frate Alberico), con me insieme in ogni momento di questo lungo e affascinante cammino.

Desidero ringraziarlo con una speciale gratitudine, così come i miei ringraziamenti vanno a tutti i collaboratori di ogni tappa percorsa insieme, e in particolare a Giuditta Albanese che per prima ha creduto in questo mio progetto.

Indice

Stampato da
Grafica Veneta S.p.A., Trebaseleghe (PD)
per conto di Marsilio Editori® in Venezia

«Gli specchi Marsilio»
Periodico mensile n.369/2025
Direttore responsabile Giuseppe Lupo
Registrazione n. 1333 del 15.06.1999
Tribunale di Venezia
Registro degli operatori di comunicazione-ROC n. 6388

Le fotocopie per uso personale del lettore possono essere effettuate nei limiti del 15% di ciascun volume/fascicolo di periodico dietro pagamento alla SIAE del compenso previsto dall'art. 68, commi 4 e 5, della legge 22 aprile 1941 n. 633. Le fotocopie per finalità di carattere professionale, economico o commerciale o comunque per uso diverso da quello personale possono essere effettuate a seguito di specifica autorizzazione rilasciata da CLEAREDI, Centro Licenze e Autorizzazioni per le Riproduzioni Editoriali, Corso di Porta Romana 108, 20122 Milano, e-mail autorizzazioni@clearedi.org e sito web www.clearedi.org.

EDIZIONE	ANNO
10 9 8 7 6 5 4 3 2 1	2025 2026 2027 2028 2029